子どもたちに伝えたい「和食」

素晴らしい日本の食文化と調味料の科学

食と健康のアドバイザー
「ハッピーアイランド代表」 福島 寛之

はじめに

「福島さん、小学校5年生に「和食」を伝える出前授業をつくれませんか?」2010年、私がキッコーマンの食育活動の責任者をしているときに小平市の食育担当の栄養教諭の先生からのご依頼でした。よくお話を伺うと、小学校5年生から家庭科の授業が始まり、その中で「和食」の勉強をする。「一汁三菜」を教えなくてはならないのと、ご飯を炊いて、お味噌汁をつくる実習もするとのこと。しかし今は家庭科の先生がいる学校のほうが少なく、いても被服出身の先生が7割。では5年生の担任の先生が教えればと思っても、5年生から英語も始まるので、担任は主婦の先生ではなく、英語が得意な新任の先生がほとんどとのこと。先生たちも知りたいくらいで、とても教えるまでいかない。いっそのこと、外部の先生たちに「出前授業」の形で学校に来てもらって、簡単に45分で「和食のイロハ」を伝えてくれないか?というリクエストだったのです。

よし、ならばまずは今の小学生が「和食」にどんなイメージを持っているのかを探るべく直接小学生に、「和食と思うメニューを言ってみて」と聞いてみました。するとあまり、考えたり悩んだりすることもなく「お刺身、お寿司、天ぷら、そば、うどん、茶碗蒸し」と即座に答えが返ってきました。素晴らしい! 確かにみんな和食だ。でも何かわからない違和感のようなものを感じました。一方お年寄りにも同じ質問をしてみました。「肉じゃが、おひたし、ご飯、お味噌汁、お漬物、焼き魚、煮魚、酢の物、あえ物」普段のメニューが出てくる、出てくる。そう！　さっき感じた違和感は、この違いだったのです。つまり、今の子どもたちの頭の中の「和食」は和食のファミリーレストランのメニューだったということです。普段の食事は和食じゃないの。家庭では和食は食べないの。これはたいへんだ！

そんな中、「和食をユネスコの無形文化遺産に登録しよう！」という動きが本格化します。ことの起こりは京都の老舗料亭菊乃井の村田さんをはじめとした京都料亭の旦那衆が「京懐石」をユネスコの無形文化遺産に登録しよう！　というアクションから始まったのです。しかし農水省が音頭を取って、「京懐石だけにとどまらず、「和食」をユネスコの無形文化遺産に登録しよう」と変えて「一汁三菜」の名士熊倉先生を座長に、発酵の小泉先生、料理学校からは服部先生と辻先生。もちろん菊乃井村田さんも藪そばの鵜飼さんもメーカー代表でキッコーマンと味の素も参加となって検討会が始まりました。そんなときに、キッコーマン広報部で食育を担当していた私は、それぞれの方々より直接お話を聞く機会を持てました。実はその時も、「和食の定義」は？　「和食の素晴らしさ」とは？　と喧々諤々。なかなか意見がまとまらず、大変な思いがあったようです。とはいえ、なんとか「和食の素晴らしい食文化」がまとまって、申請。２０１３年12月に無事ユネスコの無形文化遺産への登録ができました。テレビでも登録決定の様子を放映し、みんな大喜びしている映像が映し出されました。時まさに東京オリンピック招致が決定した時と重なり、日本中を上げて大喜びした記憶があります。しかし、実は登録要件をもう一度見てみると、素晴らしい文化として認められることと同時に、このままほっておいたら、なくなってしまうことが認められないと登録されないのです！

たいへんだ！　と、いうことは手放しに喜んではいられない。世界に認められた素晴らしい「和食の食文化」をきちんと伝えていかなくては！　それ以降、とりつかれたようにシナリオをつくり、小学校5年生に、そして大人の方に「和食その素晴らしい日本の食文化」をお伝えする活動を始めたのでした。

読者の皆さま、今、外国の方が日本に来られて、おいしい和食を召し上がっていただける機会も増えてきましたが、あらためて「和食ってどういうものですか？」「和食の素晴らしい食文化って？」と聞かれて答えられますか。そもそも、「和食」をつくっておもてなしができますでしょうか…。あなた自身が「和食ってなぁに」の答えをもっていますか？

大丈夫！　安心してください。この本を読めば雲が晴れるように「和食のすばらしさ」、「和食ってなぁに」の答えがわかります。難しく考えずに、ご飯、味噌汁、漬物に、しょうゆ・味噌・日本酒・みりん・酢で味付けた主菜、副菜を用意して、おいしい「和食」をいっぱい食べてください。そして、次世代をになう子どもたちに「和食の素晴らしさ」を伝えてください。

— 目次 —

第1章　そもそも「和食」とは
（いつできたの、どんな料理）

◇「日本人に生まれてよかった!」と想う時ってどんなとき

皆さん「日本人に生まれてよかった!」と想ったことってありませんか。私はいろいろなところでいろいろな時によく感じます。もちろん田舎の自然の中で、日本の原風景みたいな景色に触れた時や、露天風呂や檜のお風呂に浸かったときにも感じますが、たいていは、その地方ならではの活きの良い素材に出会ったときや、おいしい和食を食べた時にしみじみと「日本人に生まれてよかった!」と感じます。

私は東京都千代田区神田の生まれで、魚屋の息子でした。築地も近かったですし、子どものころから新鮮なおいしい魚を、いやというほど食べて育っていました。実は面白いエピソードがあります。大学3年生から4年生になる春休みに中学時代の友人と2人でアメリカ放浪の旅に出ました。バックパックを背負って約50日間お金もないので、3食マクドナルドや、スーパーで買ったサンドイッチで過ごす日々でした。若さゆえの順応性(アメリカかぶれとも言いますが)で、アッという間にアメリカの食生活に慣れていきました。ちょうど中間地点のニューヨークで「思い出づくりにTボーンステーキを食べてみよう」と思い立ち、なけなしのお金を払って(確か5ドル99セントだったと思います)レストランに入りました、そこで出てきたステーキを前にして急に我に返りました。テーブルに置かれている調味料は塩、コショー、ケチヤップ、マスタード、そして、なんとキッコーマンしょうゆの卓上瓶。それを見た瞬間！　日本人の血が騒ぐというか目が覚めるというか、自然に英語で会話していたはずなのに、急に日本語が聞こえてきたような不思議な感覚になりました。もちろん、しょうゆをかけて食べたわけですが、それは、それはおいしい！　体中にしょうゆが染み渡る感覚。体中が喜んでいることを実感した瞬間でした。

　そしてもうひとつ。そのアメリカ50日間放浪の旅から帰ってきたときのこと。家に帰っての第一食め、父は当然「おいしい刺身が食べたい」というであろうと、にこにこしながらそのリクエストを待っていたのですが、私の口からは「ごはんと味噌汁が欲しい」、「あと、海苔と納豆としょうゆ」、「白菜のお漬物ある？」……おやじごめん！　本当に食べたいのはこれでした。とにかく「ごはんと味噌汁」が食べたかったのです。「ごはんと味噌汁」を食べた瞬間「日本人に生まれてよかった！」と、実感しました。海苔、納豆、しょうゆ、漬物！　そう、ごはんと味噌汁のお供が食べたかったのです。「おいしい！」、わずか50日しかたっていないのに、なんといとおしいことか。懐かしいことか。体に染み渡る感覚。ご飯を茶碗一杯食べ終えてから我に返って「おいしいお刺身が食べたい！」と父にリクエスト。お刺身とごはんもそれは、それは、おいしくいただきました。

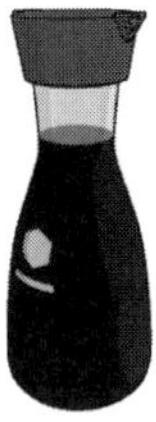

まだ、21歳の若者だったので、日本酒のおいしさも、お酒とおつまみの相性もあまり舌になじんでいなかったので、ごはんと味噌汁でしたが、もう少しお酒を経験していたら「熱燗とあたりめ」とか、「冷と塩辛」……なんて粋なリクエストが出たかもしれませんね。

「日本人に生まれてよかった！」と感じる瞬間にはかなりの確率でご飯、味噌汁、お漬物、しょうゆ、日本酒などが登場するような気がします。あなたはいかがですか。それでは無意識に「日本人に生まれてよかった！」と、感ずる理由を紐解いていきたいと思います、

◇和食ってどんな料理、ラーメンは、かつ丼は？

さて、話を少し戻しましょう。和食って思う料理の名前を言ってみてと、小学生に聞くと、「お刺身、お寿司、天ぷら、そば、うどん、茶碗蒸し」と即答してくれます。でもこれって和食のファミリーレストランのセットメニューで、家庭では和食を食べてないのと、つっこみたくなってきます。一方お年寄りに同じ質問をすると、「肉じゃが、おひたし、ご飯、お味噌汁、お漬物、焼き魚、煮魚、酢の物、あえ物」と普段家で作って食べているようなメニューがいっぱい出てきます。最近揚げ物に続いて煮物までスーパーで購入するようになってきちゃいましたが……。本来日本人が食べていた食事すべてが和食だったはずです。それがいつの頃からか「和

食」が特別な「懐石料理」や「日本料理店のメニュー」を思い浮かべるようになってしまいました。なぜこのようになってしまったのでしょう？

一方で、今ヨーロッパで大注目の「和食」ってなんだかご存じですか？「弁当」、「ラーメン」、「かつ丼」です。「弁当」はライフスタイルというか、生活様式というか、日本ならではの文化って感じがするのでまだ納得の部分もあるのですが、「ラーメン」、「かつ丼」って「本当に和食なの？？？？」と違和感を覚える方もいらっしゃるのではないでしょうか。一方、あらためて「和食ってなぁに？」と聞かれて、さっと答えられる日本人が一体何人いるのでしょうか。実際、ユネスコの無形文化遺産登録に向けて専門家が集まった検討会においても、「和食の定義」はできないままでした。和風パスタは、カレーライスは、そもそも肉じゃがだって、明治維新以降のメニューだよね、そんなこと言ったら天ぷらだって南蛮渡来メニューだよねっていう感じで、時代の変化によって日本人が食べている料理、メニューが変化してしまっているので、いつのメニューが「和食」なのかわからなくなってしまっているのです。しかも、現在の食卓には、無国籍・多国籍といわれるようないろいろなメニューがあふれているような状況です。思い返せば、私が子どもの頃の学校給食はご飯ではなくパンと牛乳でした。いつの頃

からか、スパゲッティがパスタと呼ばれるようになり、明太子パスタや、しょうゆ味の和風パスタなどが一般的になり、確かに和食なのか、洋食なのかわからなくなってしまいました。

では、この日本人であれば誰でもわかっていそうで、その実極めて複雑怪奇な「和食」について、いろいろな切り口から解き明かしてまいりましょう。

◇「和食」という言葉が生まれたのはいつから

「和食」という言葉が生まれたのはいつなのでしょうか。それは明治維新以後、「洋食屋」さんができてからのことなのです。ご存じのように江戸時代は鎖国をしていましたし、基本的に四つ足の動物を食することはありませんでした。しかし、明治維新以降、西洋の文化がどんどん入ってきました。そして、「ビフテキ」、「カツレツ」、「シチュー」などを食べさせるお店ができ、そのようなお店のことを「洋食屋さん」と呼びました。その結果「洋食」という言葉ができ、その「洋食」以外の日本人の食べ物を「和食」と呼ぶようになりました。まだその当時は、ご家庭で「洋食」をつくったり、食べたりする機会はありませんでしたので、家庭で食べている料理そのものが「和食」だったということです。

ところがその後、中華料理が入ってくると和、洋、中という感じで、まるで「和食」が三分の一のようなイメージになってしまいました。さらにいろいろな国の料理を食べさせるお店ができてきました。イタリア料理、スペイン料理、フランス料理にブラジル料理、タイ料理にベトナム料理。ありとあらゆる国の料理が日本で食べられるようになりました。しかし、それはあくまでも外食での話で、おそらくご家庭では相変わらず「和食」を召し上がっていたはずです。それが変わったのはいつ頃からなのでしょうか。おそらくは戦後、東京オリンピック、大阪万博が行われた1960年代後半から大きな変化が現れたようです。農業、漁業といった一次産業従事者が、建築などにかりだされ、出稼ぎ労働者も増えました。一方で、高度経済成長、核家族化、第三次産業の躍進、スーパーマーケット、コンビニの誕生、拡大。また共働き、女性の社会進出等々大きな生活様式の変化の中で、家庭内の調理時間が極端に短縮され、各メーカーも家庭でいろいろな料理が簡単に作れるようなメニュー対応型調味料や、加工食品を開発し始めました。

例えば、豆腐料理といえばそれまでは冷奴や、湯豆腐、白和えなどだったはずですが、麻婆豆腐の素が発売されて以降、麻婆豆腐は家庭の定番メニューになりました。青椒肉絲、回鍋肉もそうです。インスタントラーメン、各種パスタソース、デミグラスソースにホワイトソース、カレーにシチューの素。学校給食でのパン・牛乳も定着し、家庭内で食べる料理が、どんどん和食のイメージから遠ざかってしまいました。その結果「和食」といわれると家庭ではつくらない懐石料理や旅館や料亭のメニューのイメージになってしまったのです。

もう一つ「和食」が家庭の料理のイメージから離れていった要因があります。それは「だしをとる作業が家庭内から消えた」ことです。「ご飯と味噌汁」が当たり前だったころ、各家庭には鰹節と鰹節削り器が必ずありました。そしてお母さんがだしをとる前に鰹節を削ることが子どもたちの役割、お手伝いでした。毎日毎日鰹節を削り、だしをとることが日課だったのですがいつの日か、顆粒のだしの素や、だし入り味噌に頼るようになり、気づけば家でだしをとることや、鰹節を削ることがなくなってしまいました。当然削りたて、だしたての香りは家庭内ではかぐことができなくなり、懐石料理や旅館や料亭でしか味わえなくなってしまったのです。日本人の心のどこかに、「本物のだしの香り＝和食」のイメージが定着していたのかもしれません。

◇新鮮な食材が豊富なわけ。その功罪　旬がわからない

一方で、日本はとっても新鮮な食材が豊富な国といわれています。それは狭い国土の割には南北に長く、高低差もあり、四季もあるため、いろいろな気候に対応した野菜、果物、キノコの種類が豊富だということです。そして国の周りがすべて海ですし、暖流・寒流両方が流れて

おり、川も多いので魚介類・海草類の種類も豊富ということです。したがって旬の野菜・果物・きのこ・魚介類を使った多様な料理が作れるということです。このことはユネスコの無形文化遺産の登録の時にも大きく評価されました。ということは、「和食」とは、旬の野菜や果物、魚介類を使用した、季節感のあるメニューがとにかく豊富であるということが言えます。さらには、冬野菜が取れない時期には漬物にして保存食にしたり、魚介類は塩や干したり、佃煮にするなどして長持ちさせる工夫もしてきました。ということで「和食」のすばらしさのひとつとして、新鮮な旬の素材を豊富に使った料理ということができます。

しかしその反面、スーパーの台頭や冷蔵、冷凍といった保存技術の向上、ハウス栽培に代表される屋内型栽培技術の向上、魚貝類の養殖技術の向上、物流体制の充実によって、「旬がわからない」という大問題が発生しています。そもそも「旬」とは最も栄養価が高くおいしい状態で、しかも大量にとれ、値段も安く、その時期に食べると体にも良い（夏は体を冷やし、冬は体を温めるなど）食材です。「トマトが赤くなると医者が青くなる」と言われるように、「旬のトマトを食べていれば元気で病気知らず。医者の商売あがったりで、青くなる」という意味です。今ではハウス栽培で、冬にも真っ赤なトマトが販売されていますし、いつでも甘くておいしいトマトが食べられます。しかし、その栄養価には「旬」とは大きな差があり、寒い冬にもかかわらずしっかり体を冷やしてくれます。

かつて「魚屋さん」、「八百屋さん」が元気だった時代では、お店の方がプロでしたし、間違いなく市場で仕入れてきた旬の素材を勧めてくれて、その料理法まで伝授してくれました。お客様もいつもお店の方と相対していると知らず知らずのうちに、旬の素材を体得していったのだと思います。わが家でも、初鰹が入ったよ、さんまの季節だよ、ぶりがあぶら乗ってきたよ。と季節、季節のおすすめ素材をお伝えし、料理の仕方や、おいしい食べ方もお伝えしていました。お客様も季節、季節のおすすめ食材を聞いて、それを食べておいしさを実感していましたから自然と「旬」が体に染みついていったのだと思います。

しかし、今は、そんなプロのおすすめを聞くこともなく、自らスーパーでその品ぞろえから選ばなくてはなりません。もちろんスーパーも旬の素材を売り込んではくれますが、いろいろな事情でお安くなった商品ばかりを選んでいては本当の旬がわからなくなってしまいます。新鮮な食材が豊富であることは素直にうれしいことですが、ぜひ「旬」の大切さ、それぞれの素材の「旬」はいつなのか？　を忘れずにいてくださいね。

◇和食って本当に健康的な料理なの

和食は「一汁三菜」に代表されるように、ごはん、味噌汁、お漬物に、肉、魚、豆腐を使った主菜と、野菜、きのこを、煮たり、焼いたり、蒸したり、和えたり、酢にしたりした副菜を添えて、とても栄養バランスがよい食事だといわれています。また、いろいろな旬の素材をとりいれ、だしから旨味をとって、動物性の油をあまり使わず、カロリー摂取量も控えめで、とってもヘルシーだともいわれています。また、しょうゆ、味噌、日本酒、みりん、酢といった発酵調味料や、お漬物や納豆といった発酵物をたくさん摂取しているのも特徴的です。ということで、「和食はとっても健康的な食である」というのもユネスコの無形文化遺産登録のときの評価ポイントでした。確かに日本人は戦後70年で平均寿命が30年も伸びました。一方で、塩分の取りすぎとも言われていますし、寿命が延びたのはむしろ食生活の欧米化が寄与しているとの説もあります。そこで、ユネスコ無形文化遺産登録をきっかけに壮大なる実験がスタートしました。東京大学の農学部と医学部が共同で「和食は健康的な料理である」というエビデンスづくりが始まったそうです。和食だけを食べるチームと洋食・中華ばかり食べるチームと別々に何十年もその後の健康状況をチェックし、「和食はヘルシーで健康的である」という証明をしようということです。約40年はかかるだろう壮大なプロジェクトの結果を期待しますが、足元の「和食」自身が変化してしまっていること、ほとんどの方が「和食ってどんな料理」と、聞かれて返答に困る現実がむしろ気がかりです。

とはいえ、一般的に言われる生活習慣病。心疾患、脳疾患、糖尿病の原因として、糖質、脂質、塩分の取りすぎといわれますが、メタボに代表されるように、食べすぎと運動不足による太りすぎが原因であることは間違いないと思われます。戦前の日本人の食生活にくらべ、欧米の食習慣、素材、メニューが一般的になったことが一番の原因であることは、間違いないのではと思います。日本人の体質そのものが、ご飯とみそ汁とお漬物をベースとした和食を食べて元気に生きられる体質なのだというのもうなずけます。事実、戦前までは何百年もその食生活を維持してきたのですから。生活習慣病を予防し、元気で長生きの健康寿命を延ばすにも、日本型食生活「ご飯とみそ汁とお漬物。一汁三菜」の再評価が必要だと思いませんか。

給食もかつては全食パンの時代がありました。今は食料自給率との関係もあり、週5回の給食の割合を米3：パン1：麺1の比率にしています。これは少なくとも一日の米食比率が50%を超えることを意識して実施しています。そのためには家庭内の2食（朝食・夕食）の米食が半分を超えている前提でいたわけですが、最近の傾向として、朝ごはんではなく朝ごパンの割合が7割を超えているというデータもあり、さらには夕飯の麺率（パスタ・ラーメン・焼きそば・焼うどん等）がどんどん上昇している傾向もあり、ついに給食の米飯率を増やそうという動きが出てきたとのことです。確かに糖質ダイエットとか言って、夕飯にはご飯を食べないなんて人も増えています。ぜひ、ご家庭におきましてもごはん率を少し増やしてはいかがでしょうか？

◇しょうゆ・味噌・日本酒・みりん・酢で味付けすれば全て和食

この後の章で、さらに詳しく解説していきますが、最初に結論を述べておきます。「和食ってどんな料理ですか？」と、聞かれたら、「大豆と米を原料として、麹菌の力で作られた日本ならではの調味料すなわち、しょうゆ、味噌、日本酒、みりん、酢で味付けされた料理です」とお答えしています。鰹節や昆布といっただし、そのだしを活かす軟水。四季の豊富な食材とその持ち味の尊重。年中行事と密接な関係の行事食など、和食の素晴らしい要素はたくさんありますが、最終的にはとってもシンプルにしょうゆ、味噌、日本酒、みりん、酢で味付けすればすべて和食です！　と言い切ると、とてもすっきり理解できます。また、しょうゆ、味噌、日本酒、みりん、酢で味付けすればすべて和食と言い切れば、先ほどまで、もやもやしていたラーメン、和風パスタ、ステーキにしょうゆ、かつ丼もみんな「和食」といえます。懐石料理店、割烹に行かなくても家庭の普通の料理が「和食」だよ。と気楽に考えることができます。では、次の章からそこに結論が行き着く理由を、紐解いてゆきたいと思います。

第2章　外国人からみた「和食」とは

◇ユネスコの無形文化遺産に「WASYOKU」が登録された

この章では、外国人が和食をどうとらえているのか。どんなところを評価しているのだろうか。というところから考察してまいります。２０１３年12月和食その素晴らしい食文化が評価され、ユネスコの無形文化遺産に登録されました。登録要件は、まずは「素晴らしい文化だと評価される」ことです。とくに欧米人が何を評価したのでしょうか？

その前に、もう一度「無形文化遺産」について簡単におさらいをしましょう。「無形文化遺産とは慣習、描写、表現、知識、及び技術ならびに、それらに関連する器具、物品、加工品及び文化的空間であって、社会、集団及び場合によっては個人が自己の文化遺産の一部として認めるものをいう」と定義されています。少しわかりづらい文書ですが、こと和食についていえば、登録されたのは、「お刺身」とか「お寿司」といった形のあるもの「有形物の和食」のことではなく、食習慣であったり、食の盛り付けや表現だったり、社会や集団の中での和食の文化的側面だということです。そして、その無形の文化的側面を一言で表す言葉がみつからなくて、検討委員会でもさんざん悩みました、最終的に「自然を尊ぶという日本人の気質に基づいた食に関する習わし」を、「和食：日本人の伝統的な食文化」＝「ＷＡＳＹＯＫＵ」として登録されることになったのです。ユネスコの無形文化遺産には「ＷＡＳＹＯＫＵ」＝「自然を尊ぶという日本人の気質に基づいた食に関する習わし」が登録されたのです。

それでは、「自然を尊ぶという日本人の気質に基づいた食に関する習わし」＝「WASYOKU」とはどんなものなのか、ひとつひとつ解説していきたいと思います。

◇ユネスコの無形文化遺産登録ってうれしいこと？　悲しいこと

2013年12月に、無事ユネスコの無形文化遺産への登録が叶いました。テレビでも登録決定の様子を放映し、みんな大喜びしている映像が映し出されました。確かに和食の素晴らしい食文化が世界の人々に認められ、和食人気が高まることは日本人としてとっても嬉しいことです。しかも東日本大震災後、日本経済の復興の起爆剤としての期待を受けて、東京オリンピック招致とほぼ同じ時期に決定したこともあり、一般的には「とっても嬉しいこと」として取り扱われました。しかし、「ユネスコ無形文化遺産」の選考基準を見ると、おそらく皆さまも複雑な気持ちになると思います。以下がその選考基準です。

1. 人類の創造的才能としての卓越した価値
2. 共同体の伝統的・歴史的ツール
3. 民族・共同体を体現する役割

4．技巧の卓越性
5．生活文化の伝統の独特の証明としての価値
6．消滅の危険性

いかがですか。1から5まではプラスの選考基準すなわち評価のポイントになりますが「6．消滅の危険性」……の、意味するところは何でしょうか。そうです。「このままほっておくと、この素晴らしい文化がなくなってしまう恐れがある」と、認められないと登録されないということなのです。ご存じでしたか。登録のための選考基準に「消滅の危険性」と明文化されているのだから、もっと世の中の人たちにきちんと伝えるべきだと私は思いますが、皆様はいかがでしょうか。

ユネスコの無形文化遺産に登録されたということは、和食の食文化が素晴らしいものと認められた反面、このまま日本人に任せておいたら、「消滅してしまう危険性がある！」と、認められたということなのです。これは、手放しで喜んでばかりはいられません。とくに美味しい和食にかかせないしょうゆ、本みりんといった調味料を作って販売しているキッコーマンとしては、次世代の子どもたちにしっかりと、「世界に認められた和食の食文化の素晴らしさ」を伝えていく使命があります。私もしっかり伝えるシナリオをつくらなくてはならないと、決心した次第です。

◇評価された「WASYOKU」の素晴らしさ

それでは、あらためて、「ＷＡＳＹＯＫＵ」＝「自然を尊ぶという日本人の気質に基づいた食に関する習わし」の評価されたポイントを確認します。評価されたポイントは以下の４つになります。

1．多様で新鮮な食材とその持ち味の尊重
日本の国土は南北に長く、四季があり、海、山、里と表情豊かな自然が広がっているため、各地で地域に根差した多様な食材が用いられています。また素材の味わいを生かす調理技術・調理道具が発達しています。

2．健康的な食生活を支える栄養バランス
一汁三菜を基本とする日本の食事スタイルは、理想的な栄養バランスといわれています。また、「うま味」を上手に使うことによって動物性油脂の少ない食生活を実現しており、日本人の長寿や肥満防止に役立っています。

3．自然の美しさや季節の移ろいの表現
食事の場で自然の美しさや、四季の移ろいを表現することも特徴のひとつです。季節の花や葉で料理を飾りつけたり、季節にあった調度品や器を利用したりして、季節感を楽しみます。

4．正月などの年中行事との密接なかかわり

日本の食文化は、年中行事と密接に関わって育まれてきました。自然の恵みである「食」を分け合い、食の時間を共にすることで、家族や地域のきずなを深めてきました。

いかがでしょうか。和食は、旬の食材が豊富で、その持ち味を尊重し、とってもヘルシーで栄養バランスが良く、自然の表現を皿に盛り込み、年中行事等と密接なかかわりがあります。それがとってもクールで素晴らしい！　ということです。そういう和食の素晴らしい文化を京都の街並みや、江戸の料亭のしつらいや、給仕する和服の女性や、和食器、掛け軸や床の間などの「和」のイメージともあわせて評価されたということです。外国人の方々の目にはそのように映ったのでしょうが、本当の和食の良さって……、もっと気軽で、身近な庶民の生活の中にあるはずです。次の章からは、もっと身近な「和食」の本質に迫ってまいります。

第3章　日本人の食生活

◇昭和の始めの頃、日本人はどんな「素材」を食べていたのか

第1章でも述べましたが、そもそも日本人が普通に食べていた食事は全て「和食」だったはずです。それが東京オリンピック、万国博覧会、以降高度経済成長、核家族化、食生活の多様化、女性の社会進出、共働き、スーパーマーケット（以下スーパーと略）やコンビニエンスストア（以下コンビニと略）の台頭、加工食品・調理済み食品の開発、冷蔵・冷凍技術の飛躍的向上、物流体制の充実など大きな社会環境の変化の中で、家庭内での「和食」のメニューの登場頻度が、どんどん減少していきました。その結果、日本人の意識の中であたかも「和食」が、特別な日に食べる懐石料理のようなイメージ、まさに外食で食べるメニューへと変化していってしまったのです。ならば、時をもとへ戻して考えてみましょう。いつまで戻したらよいのか。第2次世界大戦中は配給制でまともな食事が食べられませんでしたので、戦前の昭和の初めの頃に戻って、その頃の日本人はいったい何を食べていたのかを考えてみたいと思います。その際、メニューで考えると、数限りないので、ここは「肉」とか、「野菜」といった「素材」で考えてみようと思います。昭和の初めの頃の日本人はいったい、どんな「素材」を食べていたのでしょうか。そして、そこからなにがわかるのか。ぜひ、読者の皆様も一緒に考えてみてください。

◇冷蔵庫の無い時代。スーパーもコンビニも、宅急便も無い時代

昭和の初めの日本人はいったい、どんな「素材」を食べていたのか。考えるにあたって少しヒントを述べておきます。昭和の初めの頃には、一般のご家庭には電気冷蔵庫がありませんでした。「えー！」と驚かれる方も多いと思います。そう、当時冷蔵庫は特別なお店（魚屋さんや肉屋さん）にしかなく、それも木造の氷で冷やすタイプの冷蔵庫でした。実は我が家は魚屋だったので、物心ついたときから大型の電気冷蔵庫がありましたが、父に尋ねたところ、昭和32年に家兼お店を改築した際に木製の氷で冷やす冷蔵庫から、業界でもいち早く電気冷蔵庫に作り替えたと自慢げに話していました。戦後12年たったときの最先端がこの状況ですので、昭和の初めの頃には、電気冷蔵庫のあるご家庭は皆無だったと想像できます。今や冷蔵庫のない生活は想像もつかないと思いますが、その当時は、冷蔵庫がないのがあたりまえでした。おそらく、その日の食事に必要な素材を、その都度求めていたのだと思われます。あわせてスーパーもコンビニもなかった時代ですから、足りない素材を買いに行くのも一苦労で、手に入る素材にもかなりの制約があったものと思われます。また、最近は「お取り寄せ」なんていって日本中どこからでも、翌日にはおいしい商品が届く世の中ですが、宅急便もない時代には、地方の素材を手に入れることはかなり困難だったと思われます。また、冷凍技術が進んだおかげで時

間を止めることが可能になり、いまでは世界中の食材を手に入れることが可能になりましたが、昭和の初めの頃は夢のまた夢だったと思います。

余談になりますが、冷蔵庫って本来何をするための機械だとお思いでしょうか。本来であれば、冷蔵庫はモノを冷やすための機械となります。「えっ、低温で保存するための機械ではないの？」という声が聞こえてきそうですが。今は、なんでもかんでもとにかく突っ込んでおく。低温で保存するための機械となってしまいました。最近では「冷蔵庫大明神」として、みそぎの場であるとまで言われています。例えばお昼のおかず、ちょっと作りすぎて余らしてもしょうがないのでラップして冷蔵庫に入れます。そのときは「今夜旦那に食べさせちゃお」なんて軽い気持ちですが、そんな日に限って旦那は飲んだくれて帰ってこない。であれば翌日の朝に食べさせよう。と思っていると寝坊して起き抜けで食べずに出て行ってしまう。仕方ないので自分のお昼ごはんにするか！　と思ってはみたものの、お友達からお呼ばれされて、ランチを食べに行ってしまう。そんなことを何回か続けるともう視線のかなたに…見て見ぬふりを。しばらくして、カビが生えていることを確認したのちにお祓いされて、処分する。まさに冷蔵庫大明神。みそぎが終了ということなのです。

◇「保存」がキーワード。漬物、乾物、干物

もうお気づきのように、当時の素材を考えるときのキーワードは、「保存」すなわち「保存性」の有り無し、強弱で考えてみることが必要です。昭和の初めの頃の日本人にとっては、野菜・果物・きのこが最も身近な素材であったと思われます。山辺でも、海辺でも野菜・果物・きのこは栽培が可能です。今でも家庭菜園経験者の方も多いので、ご理解いただけると思います。さらに野菜、果物、きのこは常温でもそれなりに保存性がありました。それでも冬場、野菜類が取れない時期や、夏場保存性を確保するための知恵、技術として、漬物にしたり、干して乾物にしていたのだと思われます。また、日本はまわりが全部海で囲まれていますし暖流、寒流が流れており、さらには川も多いので、魚貝類や海草を多く食べていたと想像できます。しかし、野菜に比べて足が速いので、海辺に住んでいる方や川の近くに住んでいる方は食べられても、内陸部や山間部の方はめったにお目にかかれるものではなかったと思われます。冷蔵庫のない時代には、保存性の確保は大変だったと思われます。保存性を高めるために塩漬けにしたり、干物にしていたのだと想像できますよね。魚貝類、海草に比べて食経験の歴史も浅く、保存性の低い牛肉・豚肉といった肉類にいたっては、限られた人にしか口にすることはできなかったと思われます。鶏肉、卵は比較的身近だったと思います。そんな中常温で長期保存がで

きる素晴らしい素材がありますが、なんだと思われますか。そうです！　お米、小麦、そばといった穀類。そして大豆です。冷蔵庫のない時代に常温で長期保存のきく主食「お米」と肉・魚に代わる貴重なたんぱく源である「大豆」が、どれだけ価値のある素晴らしい素材だったのか、想像がつくと思います。何にせ、冷蔵庫のない時代ですから、常温で保存がきくかどうかは、大きな違いがあったと思われます。ではさらに保存性をキーワードに詳しく考えていきましょう。

◇「麹菌」は日本の「国菌」……日本でしか生きられない菌

「保存性」を考えるときにもう一つのキーワードが「発酵食品」です。漬物（乳酸菌）や、納豆（納豆菌）のように微生物の発酵の力で素材を長持ちさせることができます。まずは、あえて海外の発酵物を思い返してみましょう。チーズ・ヨーグルトは乳酸菌の力で発酵させています。ワイン・ビールは酵母菌の力で発酵させています。パンも同じように酵母菌の力です。一般的な発酵物というと、世界的には「乳酸菌」と「酵母菌」の働きによるものがほとんどです。では日本の発酵物はどうでしょう。もちろんお漬物には乳酸菌、日本酒には酵母菌も活躍していますが「麹菌」の存在を忘れてはいけません。麹の甘酒や、米麹など聞いたことがあると思いますが、日本を代表する調味料すなわち、しょうゆ、味噌、日本酒、みりん。酢はすべて「麹菌」の働きによって作られています。後述しますが、ここで述べている酢は日本酒、酒粕から作られた酢のことを指しており、日本酒、酒粕が麹菌の働きなくしてつくれないからという意味です。

　ということは、逆の言い方をすれば「麹菌」がいなければ、しょうゆ、味噌、日本酒、みりん、酢はつくれないということになります。さらに「麹菌」は「日本の国菌（２００６年10月12日、日本醸造学会大会で国菌に制定されました）」なのです。それもそのはず、「麹菌」は日本でしか生きられない菌なのです。日本といいましたが残念ながらかつては沖縄県、鹿児島県では麹菌は生きることはできませんでした。もちろん麹菌の一種である紅麹菌や、黒麹菌といった菌は生きられましたので、泡盛、薩摩焼酎といったお酒は造られましたが、沖縄県、鹿児島県には一般的に言われる酒蔵（日本酒の蔵）しょうゆ蔵は存在していませんでした。みなさん！　ご存じでしたでしょうか。日本人に生まれて、日本で育って、何気なくおいしい和食をたべてきて、「麹菌」が「日本の国菌」であることをご存じない方がほとんどではないでしょうか？

　そう、つまりはこういうことです。日本の国菌である、麹菌の働きで作られた調味料（しょうゆ・味噌・日本酒・みりん・酢）は、日本でしか作ることができない調味料だったということとなのです。したがってその調味料で味付けた料理は日本にしか存在せず、日本以外では食べることができなかった……と、いうことになります。この「麹菌」のおかげでおいしい「和食」が食べられることを忘れないでくださいね。

キッコーマンのしょうゆ工場は、今では日本以外に7工場（2020年7月現在）あります。アメリカ2工場、中国2工場、台湾1工場、シンガポール1工場、オランダ1工場です。海外の工場でキッコーマンしょうゆの生産ができるようになったのは1973年アメリカウイスコンシン州に世界初のしょうゆ工場ができてからです。今まではいくら麹菌を日本から持って行っても、他の国では思うように育たず、おいしい「しょうゆ」が作れなかったのですが、屋内で温度コントロール・湿度コントロールをして、千葉県野田市と同じ環境を作り出すことに成功し、北海道千歳市にキッコーマンの工場を作ろうとしていた技術をそのまま応用して、アメリカの工場で、日本の野田市の環境を再現し、初めてしょうゆの海外生産が可能になったのです。今では海外で日本酒の生産も始まっています。しょうゆも日本酒も麹菌が育つ環境整備が必要だったのです。

◇「米と大豆と麹菌」から作られた調味料は？

しょうゆ・味噌・日本酒・みりん・酢が「麹菌」の働きで、出来ているということを初めて知った方もたくさんいらっしゃると思いますので、米と大豆についても、もう少しつっこんでご説明したいと思います。日本酒、みりん、酢の原料は「米」です。そして、しょうゆ・味噌の原料は「大豆」です。おいしいお米は日本人にとっての主食で、だれもが身近に感じますし、日本中どこにいても「田んぼ」の風景を思い出すことができます。ところが「大豆」はどうでしょうか。「大豆畑」、「枝豆」……豆腐、納豆の原料になることは知っていても、あまり、「大豆」を身近に感じることができないかもしれません。そう、お米と大豆はセットで栽培されていたのです。実は昭和の初めころまでは、田んぼのあぜ道には必ず大豆が植わっていました。そうすることで稲に虫がたかることを守っていたのです。大豆の葉っぱには虫がたかります。そうすることで稲に虫がたかることを守っていたのです。当時は無農薬、有機肥料（たい肥）の完全有機栽培でしたので、虫がたかったり、病気にならないよう絶えず気をつけていました。それでも稲にたかるイナゴは、収穫し、重要な蛋白源として食用にしていました。お米とともに大豆も収穫し、常温長期保存が可能な栄養源として食の中心にありました。大豆の根には根粒菌という土壌生物が住んでいて、これが土壌改良や、肥料として役立つので、大豆収穫後の大豆の根は田んぼに戻され、来年の稲の生育の肥料として大切な役割をもっていました。そんな身近な米と大豆と日本ならではの麹菌のおかげでおいしい調味料がつくられ、日本食のベースとなっていたのです。ところが、有機栽培があたりまえだった米作も、農業人口の減少、栽培効率化のために、機械化され、化学肥料、農薬を使用するようになってから、あぜ道の大豆も邪魔者扱いされ、いつしかなくなってしまいました。今、国産の大豆はそのほとんどが、枝豆として食べられるか、豆腐、納豆の原料となりますが、絶対量が少ないので、しょうゆ、味噌などはアメリカ産の大豆に依存しています。残念なことですが、現実なのです。

「和食」を考えるときにぜひ、「米」と「大豆」、そして「麹菌」の存在・意味・価値を意識してください。そして「米と大豆と麹菌」から作られた調味料こそが、日本でしかつくれなかった「和食」の味付けの基本であることも、是非忘れずにいてください。

◇「野菜・果物・きのこ・魚貝類・海草・米・大豆」と「米と大豆と麹菌」から作られた日本ならではの調味料

昭和の初めの頃、日本人はどんな「素材」を食べていたのかと、考察してまいりましたが、まとめると**図1**のようになります。野菜・果物・きのこや、魚貝類・海草を米と大豆と麹菌で

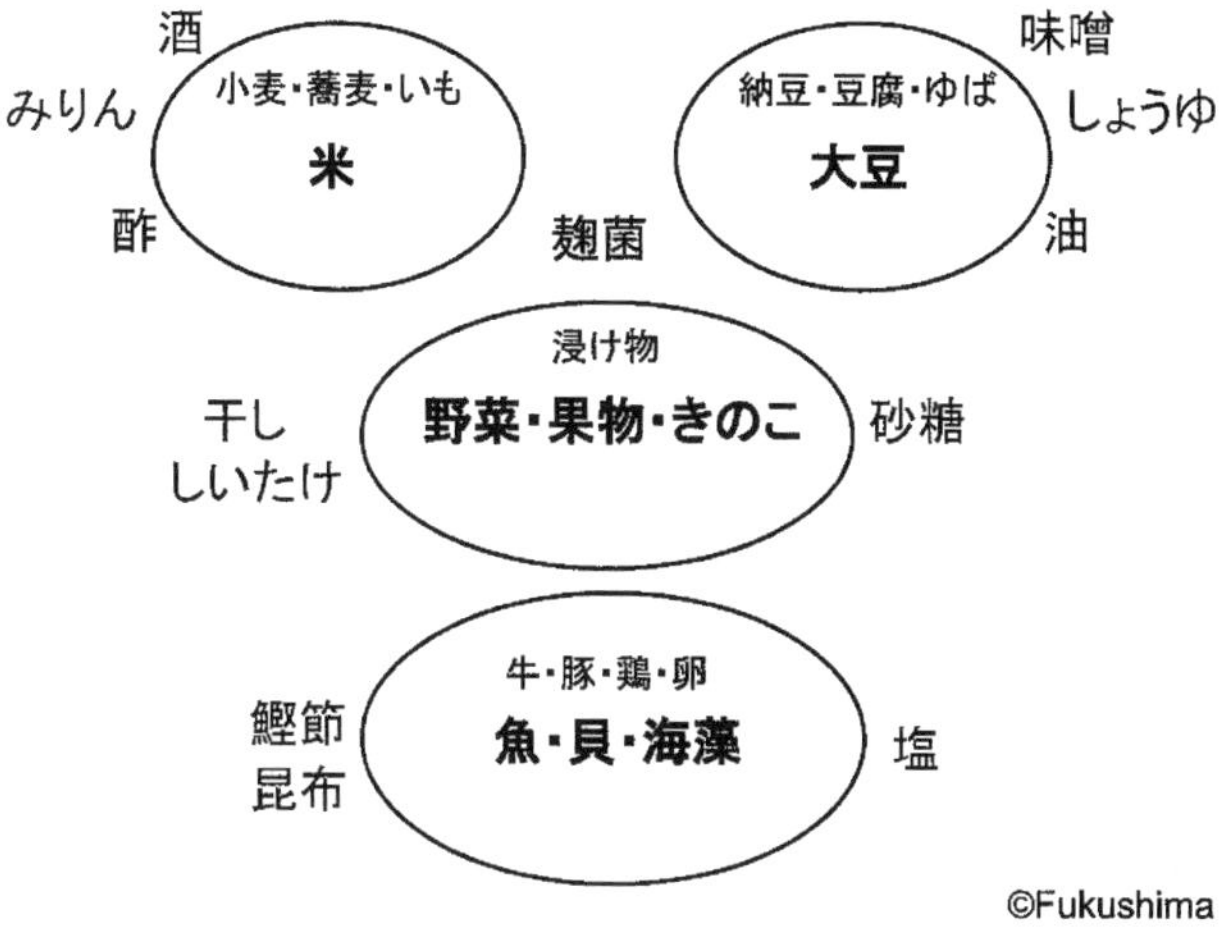

図1　和食のイメージ

つくった日本ならではの調味料で味付けして、ご飯と味噌汁、そして漬物と一緒に食べていたのではないでしょうか。そして、常温でいかに保存できるか。そのために塩蔵・乾燥もさることながら、発酵技術を自然に活用していたことがわかります。もちろん稲作ができない地域では小麦や蕎麦を上手に活用し、麺食を活用していたことも想像できます。そして、鰹節や昆布といった「だし」をうまく活用していたことも味の決め手となります。

あらためて、**図1**をみてみましょう。まず上下の関係ですが、上位（米・大豆など）にあるものほど常温での長期保存が可能で、下位（肉・魚介・海藻など）ほど、常温での保存性は悪くなります。野菜・果物・きのこが中間の位置になります。大豆が右上、米が左上にしてあるのは、ご飯は左手、味噌汁は右手を意識しています。丸の中に書いてあるのが食べる素材そのものですが、丸の外に書かれているのがそこから作られる調味料です。野菜、果物、きのこからは砂糖と、干ししいたけが作られます。砂糖は北海道で採れる砂糖大根か、沖縄で採れるサトウキビから作られます。したがって、北海道と沖縄が日本領となって統治される明治にいたるまでは、砂糖はとっても貴重だったことがわかります。したがって信長・秀吉の頃に出来上がった京懐石のレシピには砂糖は出てきません。当時、甘みはすべて「みりん」からとっていましたからね。海からは塩と鰹節・昆布が作られます。塩は保存のためにも、味付けにも基本中の基本ともいえる調味料です。鰹節・昆布も日本ならではの調味料になります。そして大豆からは油が搾れます。また麹菌の働きによって、味噌・しょうゆが作られます。米からは日本酒、みりん、日本酒からは酢が作られます。この表から、ごはん、味噌汁、漬物としょうゆ、味噌、日本酒、みりん、酢で味付けしたものが「和食」とイメージできます。

では、次の章ではそのころの「和食の魅力」に思いをはせてみたいと思います。

第4章　日本の四季と自然と「和食」の魅力

◇普段の食事に「自然の美しさや季節の移ろい」の表現

ユネスコの無形文化遺産の評価項目に、「自然の美しさや季節の移ろいの表現」があります。これは食事の場で、自然の美しさや四季の移ろいを表現することとありますが、読者の皆様はピンときますでしょうか。季節の花や葉で料理を飾りつけたり、季節にあった調度品や器を利用したりして、季節感を楽しみます……とありますが、普段そんなことをしているでしょうか。

これこそ、料亭や、高級な日本料理店に行くとお目にかかれますが、普段の食卓の器を四季ごとに違う柄の食器に変えたり、その時々のお花を盛りつけたりするご家庭がどれだけあるでしょうか。最近では、スーパーの惣菜を買ってきて容器そのまま電子レンジで「チン」とあためて、食卓に並べるほうが多いのではないでしょうか。本来であれば、その土地、土地の土から作った焼き物であったり、竹や木を使った食器や、絵皿の柄で自然、季節を演出できたのでしょうが、今ではなかなかご家庭では自然の表現はできないのではないでしょうか。しかしながら、「和食の魅力」と聞かれたら、洋食や中華と比較しても、自然の美しさや四季の移ろいを表現するということはイメージできると思います。では、家庭では何を意識したらよいのでしょうか。一番わかりやすいのは四季を生かすことと季節感の演出です。例えば暑い夏に食材以外でも、風鈴、すだれ、打ち水、氷などの風物詩を活かしたり、すいか、きゅーり、そうめん、酢の物等涼味を演出できる素材を食べたり、寒い冬にはこたつで、鍋で温まってみかんを食べたり。そんなあたりまえのことで季節感を演出できるのではないでしょうか。

最近は温暖化の影響で冬も暖冬で、夏は亜熱帯のような暑さですし、クーラーと暖房のきいた都会のマンション暮らしでは季節感すら感じづらいかもしれませんが、それでも暑さ寒さや、桜が咲いたり、木枯らしが吹いたり四季の移ろいは感ずることができます。スーパーのチラシでも、季節、季節の行事にあわせた販売企画が組まれます。都会に住んでいるとついつい忘れがちになりますが、ぜひ、普段から、自然の美しさや季節の移ろいを感じながら食卓を演出することを心掛けてみてください。

また、〇〇狩りといった、収穫体験イベントへの参加も自然の美しさや、季節を感ずることができます。ハウスの中といえどもいちご狩り、さくらんぼ狩りに行けば「春」を感じ、潮干狩り、ブドウ狩り、マスのつかみ取りでは「夏」を感じ、梨狩り、栗拾い、芋ほりでは「秋」を感じ、大根抜き、小松菜収穫では「冬」を感じます。また、それらの産地に足を運ぶことで豊かな自然に触れることが可能です。ぜひ、そのような収穫体験、〇〇狩りを楽しんでみてはいかがでしょうか？

◇四季に込められた食材の豊富さと工夫

四季がはっきりしていることは、日本の食材の豊富さにもつながっています。第一章でも述べましたが、最近はハウス栽培や、冷蔵・冷凍技術・養殖技術などにより、残念ながら「旬」がわからなくなってきてしまいました。しかし、昔の人は「旬」の素材を上手に調理して食べていました。季節感と、旬の素材をうまく使って工夫することこそ「和食」の調理の基本でした。では、ほんの少しだけ、四季の旬の素材と調理の工夫をふりかえってみましょう。

春は、芽吹きの季節です。大地から出てくるわらびや、ぜんまいなどの山菜、ふきのとう、ふき、筍、タラの芽、うど、菜の花など、命の力をそのままいただきます。あくが強いものが多いので、あく抜きをしながらも、特長的な香りを活かして、あえものや、煮物でいただきます。お魚も稚魚が生まれるときなので、しらす、しらうおなど、生で、さっとゆでて、蒸していただきます。豆鯵のから揚げなども、小魚ならではの頭も骨も丸ごと食べちゃうための調理の工夫をします。さより、さわらなど比較的あっさりとした魚が多いので、生や塩焼きでいただきます。あおやぎ、赤貝、あさりなどの貝類も春が旬です。果物は苺をそのままいただきます。春は体を元気にし、活動的にしてくれるそんな食材が豊富です。

夏は、路地物のなりものが出回ります。きゅうり、トマト、ししとう、とうもろこし、なす、枝豆、さやえんどう、スナップえんどう、ズッキーニ、オクラなど、暑い夏に体を冷やすように、生や酢の物、あえ物や、蒸して、焼いていただきます。茄子とオクラの冷やし鉢なんてまさに暑い夏にぴったりのメニューです。お魚は、かつお、いわし、すずき、かんぱちなどの青魚や、イカ、タコなど栄養たっぷりなスタミナ素材の旬になります。夏バテ防止に、生で、焼いて、煮て、いただきます。しょうが、ネギ、シソなどの薬味も加えて生臭さを消して、おいしくいただきます。貝類は何といってもあわびやさざえ。浜辺でさざえのつぼ焼きを食べたのを思い出しますよね。焼いてしょうゆでじゅっと香ばしい香りもいただきます。果物といえばぶどう、桃、スイカ、メロン、梨など、よく冷やしてがぶりといただき、夏は、体を冷やして、スタミナをつけるそんな旬の素材が豊富です。

秋は、食欲の秋。おいしい食材が目白押しです。なかでもイモ、栗、きのこはほっこり、煮物や、焼き物でいただきます。新米で炊いた炊き込みご飯にもイモ、栗、きのこはぴったりです。お魚は何といってもさんまですが、最近は収穫量が減っていて心配です。秋鮭、さば、太刀魚、いずれも焼き魚が最高です。果物はいちじく、柿、りんご。秋は、食べているだけで秋を感ずることができるそんな食材が豊富です。

冬の野菜は根菜類、大根、人参、ごぼう。そして、蓮根、里芋、やつがしらなど、土の中の野菜がいっぱい。凍らないように甘みを蓄えているのが特長です。煮物や鍋にぴったりです。

ほうれん草、小松菜といった緑の葉物もおひたし、炒め物、鍋ものにとっても重宝します。お魚も金目鯛、ぶり、まぐろ、にしん、ひらめ、ふぐなど、煮物や鍋にぴったりの素材がいっぱいです。そして果物といえばみかん。こたつにみかんはかかせません。冬は体を温め、ちぢこまった体をほっこりしてくれるそんな素材がいっぱいです。

いかがでしょうか。いろいろな旬の食材で、季節にあった実に様々な料理を楽しんでいることがわかります。「旬」がよくわからなくなったとはいえ、皆様もなんとなく実感できると思います。これが砂漠地帯の国とか常夏の国、極寒の国ではこうはいきません。四季のある日本ならではの食材の豊富さを季節とともにぜひ味わってください。

◇「米」こそが、日本人の日本人たるゆえん

「和食」というよりは、「日本」、「日本人」を語るのに欠かせないのが「米」です。食料自給率の減少、米離れといった現在の状況こそ、「日本」の危機かもしれません。というのも日本の歴史を語るのにいつも「米」が生活の中心にありました。そもそもは神話の世界にも米と日本酒が登場しますが、一般的に考えられているのは弥生時代に、稲作が始まり、集落ができ、共同で稲作を営むことから、町・国ができたと語られています。その時から、米・日本酒は神様

へのお供え物であり、領主への貢ぎ物でした。そのうち、米作りに適した肥沃な土地をめぐって、幾たびも争いが起き、戦が続けられました。武士の時代には、米の収穫量＝石高《こく》がその領主の力を表していました。天下統一、江戸時代、明治維新と続く歴史の中でも「米」は日本人の主食でした。しかしながら、一般庶民はかつて、自由にお米を食べられたわけではなく、まさに銀シャリがあこがれの時代も長く続きました。それでも昭和の初期には「一汁三菜」に代表される「和食」の基本が定着し、白米（ごはん）を食べることが日本人たるゆえんになりました。

しかし、第二次世界大戦で状況は一変します。戦地で頑張る兵隊さんのためにお米を優先させ、国内では米は統制、配給（統制経済のもとに特定商品の一定量が特別な方法によって公平に売られた）になりました。戦後、学校給食にパンと牛乳が導入され、その後の経済成長、食の国際化によって、パンやパスタを食べる機会が増え、パン、麺食比率がどんどん増えていきました。学校給食においても、かつてはパン食だったところを今は、おおよそごはん3、パン1、麺1の比率まで「米」を増やしてきましたが、家庭の食事情とあわせると「米」食比率が全食事の5割を下回る恐れがあると、比率見直しの動きがあります。

また、最近の調査では単身高齢者の朝食は、ごはんよりパンが上回っているようです。なかにはダイエットのために、ご飯を食べないという方もいらっしゃいます。このように、日本の主食である「米」の需要がどんどん下がっていることには危機感を感じます。とはいえ、一方でコンビニのおにぎりは年間おおよそ60億個も売れていますし、冷凍焼きおにぎりも相当の量が販売されていることからも、日本人にとっての「米」の位置づけが理解できます。「和食」を考えるときに、うどん、そばもありますが、やはり、日本人の主食は「米」であることをもう一度思いだしてください。そして、食料自給率の向上、フードマイレージの減少といった「SDGS（エスディージーズ）（Sustainable Development Goals（持続可能な開発目標））」の課題解決のためにも「米食」が見直されるべきでしょう。

「米」ごはんとセットの味噌汁。ご飯を食べる機会の減少とあわせて、味噌汁を飲む機会も減少しています。そのために味噌の消費自体が大きく落ち込んでしまっています。「米」に思いをはせると同時に、味噌汁にも思いを持っていただけると嬉しいです。

◇「大豆《だいず》」は何で「大豆」っていうの？　「おおきい豆かな」

第3章でも述べましたが、「和食」を語るには「米」とあわせて、「大豆」の存在もかなり大きな要素となります。そこであらためて皆さんに質問です。「大豆」はなんで「大豆」というのかご存じでしょうか。小学校3年生の国語の教科書（光村図書）に「姿をかえる大豆」という単元があります。その発展授業で「キッコーマン出前授業しょうゆ塾」を申し込まれる学校が多いのです。そのときに小学校3年生に同じ質問をします。するとみんな素直に大きな声で、「大きい豆」と答えてくれます。「正解！　といいたいのだけれど、そら豆のほうが大きくない」と聞き返すと、「たしかにそうだ」と驚いた様子。「じゃあなんで大きい豆って書くのだろうか。大きいという字には、何か別の意味があるのではないか」とみんなにその理由を考えてもらいます。どうですか。読者の皆様も一緒に考えてみてください。

答えを導きやすくするために、最初は「大」という漢字の付く言葉をかたっぱしから言ってもらいます。「大統領」……たしかに伸長がすごく高くないとなれないっていうわけではないよね。「大学」…中学・高校よりただ大きいっていうわけではないよね。なんとなく、「すごいとかえらい」という意味がありそうだね。「大切」「大事」そうそう、そんな感じ。大豆は日本人にとって、とっても「大切」で、「大事」な豆だったのじゃないかな？

正解は「大いなる豆」です。要するに、「すごい、えらい、大切、大事な豆。偉大な、立派な豆」ということです。では何で偉大な、立派な豆だったのでしょうか。もう皆さんはお気づきですよね。畑の肉といわれるように、大豆にはたくさんのたんぱく質が含まれています。肉や魚の代わりになるにもかかわらず、冷蔵庫のない時代でも常温で何年も保存できたのです。この保存性が大いなる豆の最大のゆえんです。でも、今の子どもたちの時代には冷蔵庫がありますから、大豆を食べなくても、肉や魚を食べればいいじゃないですか。煮豆や豆腐を食べなくても大丈夫。でもちょっと想像してください。大豆がこの世からなくなったら、どうしますか。みそ汁も飲めなければ、しょうゆもなくなっちゃうのですよ。さすがに小学校3年生でもしょうゆがなくなっちゃうと聞いた瞬間「えー、やだ！」と言ってくれます。やっぱり日本人なんですね。味噌も、しょうゆも残念ながら消費量が年々減っていますが、いざ明日からなくなるよ！ と、言われたら嫌ですよね。ぜひ、「大いなる豆＝大豆」をもっともっと大切に扱ってくださいね。そして、その「大いなる豆＝大豆」から作られる味噌、しょうゆで、もっともっともっとおいしく味付けしてくださいね。

◇発酵ってなぁに？　発酵と腐敗の違い

「米」、「大豆」とあわせて、「和食」を語るのに重要な要素が「発酵」です。漬物なんかは、野菜が長持ちしないので保存性を高めるために塩で漬けて保存していたら、乳酸菌や酵母菌が増えて「発酵」して、おいしい漬物になってしまった。ということだと思います。そこで読者の皆様に質問ですが「発酵」とはどういうことでしょうか。「腐敗」とはどう違うのでしょうか。小学生には、以下のように伝えています。「発酵とは目に見えない小さな生き物・微生物がもととなるものに働きかけて、人の役に立つものに変えてくれることを言います」、「役に立たないものに変わってしまうことを腐敗と呼びます」。要するに微生物の働きで、もととなるものが変わっていくことは一緒でも、役に立つものに変わるのか、役に立たないものに変わるのかが分かれ道ということです。世界中をみわたすと、乳酸菌と酵母菌が働いた時が「発酵」で、その他の腐敗菌が働いたときが「腐敗」ということのようです。どの菌が働くかは菌同士の戦いの結果なのですが、「発酵」するには、実は理由があります。

もう少し詳しく説明します。一般的に腐敗菌は塩分や酸には弱いのです。ところが乳酸菌は塩分に強く、酵母菌は塩分にも酸にも強いという特長があります。ヨーグルトの例でご説明します。牛乳は塩分も酸味もありませんので常温で置いておけば最初に飛び込んだ菌がどんどん増えて、腐ってしまいます。しかし、かつて牛乳を皮袋に入れて持ち運んだところ、おそらく皮袋の中にいっぱい乳酸菌が住んでいたので、乳酸菌が増えて、ヨーグルトの状態になりました。そうなったらしめたもの、ヨーグルトを食べたらその分牛乳を足せば、そこは乳酸菌だらけですから、次から次へとヨーグルトができるというからくりです。ワインの例で説明すると、甘くて酸っぱいブドウの皮にはもともと酵母菌がいっぱいくっついています。このブドウを保存しようと〈かめ〉に入れていたら、つぶれたぶどうから出たぶどう果汁に酵母菌がついて、すべてワインになってしまった。ということです。日本ならではの調味料は、この乳酸菌・酵母菌の働きもさることながら「麹菌の働き」によるところが大きいのが特長です。

日本の国菌「麹菌」はどのような働きをしているのか少し解説いたします。麹菌が米や大豆を栄養源として増えると、「酵素」を大量に作り出します。「酵素」の働きで米や大豆に含まれるたんぱく質がアミノ酸に、でんぷんが糖に変わります。この麹菌の酵素の働きでできた、アミノ酸や、糖分が味わい（おいしさ）になるだけでなく、その糖分をえさにして、さらに乳酸菌や酵母菌が増えて乳酸発酵や、アルコール発酵を繰り返し、おいしい調味料へと変わっていきます。このように、日本人は昔から微生物の力をうまく使って、「発酵」させることで保存性を高め、おいしい味付けをしてきたことが分かります。さらには「日本の国菌麹菌」が働いてくれたおかげで、他の国にはない、おいしい調味料（しょうゆ、味噌、日本酒、みりん、酢などの調味料）で味付けすることができます。だからおいしい和食が食べられると考えてくださいね。

◇だしと水

今まであまり語ってきませんでしたが、「和食」を語るのに「だし」の文化も語らずにはいられません。かつお節、宗田鰹節、さば節、煮干し、昆布、干ししいたけなど、もともとは保存させるために煮たり、干したり、いぶったり、カビ付けしたりしたのだと思いますが、これらのだし類も天日や、酵素の働きにより、和食に欠かせない「うまみ・香り」を作り出してくれます。かつてはかつお節を削る作業は子どものお手伝いでした。私も子どもの頃、ゴマを炒る、ゴマをする、かつお節を削ることは自分の役割でしたし、結構毎日楽しくお手伝いをしていました。今やかつお節を削るご家庭は極めて少なく、削り節を買ってきても、だしは取らず、そのままかけて食べてしまうことがほとんどです。だしは、顆粒や液体のだしを使うことが当たり前になってしまいました。また、めんつゆや、だし入りしょうゆ、だし入り味噌など、すでにだしが入った調味料を使う場面も増えてきました。しかたがないので、削り節を使って、簡単にだしをとる方法を紹介し、とりたてのだしの香りと味わいを楽しんでいただく、ワークショップなどを実施しています。しかし、このままいくと家庭で〈出汁《だし》をとる文化〉は残念ながらなくなってしまうかもしれません。とはいえ、だしの香りや味わいは、日本人の舌にしっかりと引き継がれてもらいたいと願っています。

おいしいだしを取るには、実は「水」も大切です。おいしい日本酒造りでも「水が命」と言われるように、日本にはだしをとるのに適したおいしい水が豊富にあります。一般的に〈軟水〉と呼ばれますが、清んだ味わいのやわらかい水です。軟水、硬水の違いはカルシウム、マグネシウムの含有量の多さで分かれますが、これらの成分を多く含んだ硬水では、おいしいだしがとれません。ヨーロッパの水はほとんどの水が硬水なので、まともにだしがとれないため、いまだにヨーロッパに出店している本格的な日本料理店では日本からわざわざ運んだ水を使用してだしをとっているほどです。この清んだ、柔らかい水のおかげで、おいしいだしの文化が守られているのです。

第5章　和食の科学性を改めて考える

◇改めて「和食ってなぁに？」と考えてみる

これまで、「和食ってなぁに？」というテーマで、いろいろ考察してきましたが、そろそろ結論に入りたいと思います。まず、「和食」のイメージですが、懐石料理や、料亭で出てくる「和のしつらえ」とあいまった高級なイメージだけにとどまることなく、普段の日本人の食生活（少なくとも昭和の初めの頃の庶民の普通の食生活）を反映した身近なものであるということです。そして、和食の要素としては、主食としてのごはんとみそ汁及びお漬物は欠かせない。さらに主菜、副菜は季節、季節の旬の素材を使い、多種多様な調理方法でつくられた日々のメニューをさします。また味付けとしては、日本でしか生きられなかった麹菌と、「米」、「大豆」からつくられた日本ならではの調味料すなわち、しょうゆ・味噌・日本酒・みりん・酢で味付けします。また、日本ならではのだしもうまく活用します。冷蔵庫のない時代でも、塩漬けや、乾燥、干物や微生物の働きをうまく利用した発酵によって、長持ちさせたり、おいしく味付けたりすることができました。あらためて**図1**（41ページ）をみてください。

この表の見方を繰り返し解説します。まず上下の関係ですが、上にある米や大豆は保存性にも優れています。さらに大豆を右、米を左にしてあるのは、ご飯を左手、味噌汁は右手で持つことを意識しています。丸の周辺に書かれているのが、それらのものから作られる調味料を表しています。真ん中には野菜、果物、きのこを示し、その周りには干しシイタケ、砂糖が作られます。ちなみに砂糖が野菜や果物からと……、？マークがつくかもしれませんが、理由は第3章で詳述していますので参照してください。鰹節や昆布も日本ならではの調味料です。大豆からは油が搾られています。麹菌の働きによって、味噌やしょうゆが作られています。米からは日本酒、みりん、日本酒からは酢が作られます。

しょうゆ、味噌、日本酒、みりん、酢は日本でしか作れない調味料だったのです。天ぷらの調理法はポルトガル伝来かもしれませんが、日本のあらゆる旬の素材を揚げて、しょうゆとみりんとだしでつくった天つゆで食べるから、「和食」なのです。すき焼きも明治維新以降のメニューですし、牛肉のメニューですが、しょうゆとみりん、砂糖、昆布だしで味付けていますから和食です。和風パスタ、和風ステーキも、しょうゆや味噌、日本酒で味付けして、のり、納豆、梅干し、かつおぶしなどを多用していればれっきとした「和食」です。かつ丼、そもそも「洋食」の代表カツレツですが、しょうゆとみりんと卵でとじてごはんに乗せればまぎれもない「和食」です。ラーメンだってしょうゆラーメン・味噌ラーメンもう間違いなく「和食」です。

蕎麦屋のカレーもルーに隠し味として「しょうゆ」や「つゆ」を入れ、ごはんと一緒に食べればこれまた、立派な和食といえましょう。

いかがでしょうか。**図1**（41ページ）をみて、いろいろなことを考察して、「和食」ってどんなものかを考えてみましょう。だしの取り方を知らなくても、大根のかつら剥きなんてやったことなくても、皆さんは日本人。普段から「おいしい和食」をいっぱい食べて育っています。これからも気楽に、おいしい和食をいっぱい食べて、和食の素晴らしさを伝えてくださいね。では、子どもたちに伝えたい和食の素晴らしい食文化をあらためて確認したいと思います。

◇おいしいごはんと味噌汁こそ、和食の基本

堅苦しいこと、難しいことを抜きにして「和食の素晴らしさ」を伝えていくのに欠かせない要素はやっぱりおいしい「ごはん」と「味噌汁」だと思います。最近は、炭水化物ダイエットに代表されるように、おかずは食べても「ご飯は食べない！」という人が増えています。夜はお酒を飲むので、ごはんは食べません。という方もいます。また、朝ごパン、やランチのパンといったように、パンを主食にする機会もかなり一般的になってきたと思われます。パスタ、うどん、そばなどの麺類を食する機会も本当に身近になり、とくにラーメン店の繁盛ぶりは、

目に見張るものがあります。そのように考えていくと、「米の需要がどんどん減っている」こともうなずけます。しかし、やっぱり、新米の炊き立てのごはんはおいしいですよね。こんなおいしいごはんが普通に食べられるって本当に幸せなことだと思います。おいしいお米を食べて育った日本人だからこそ、やっぱり、和食の基本はごはんだと思います。

また、最近では食料自給率を上げよう、フードマイレージを下げようという話題もよく耳にします。海外から長い距離を移動させて、食料を調達するとその輸送のための化石燃料を大量に消費することになり、二酸化炭素の発生、地球温暖化にもつながるというものです。地産地消、近くで収穫されたものを近くで消費することにより自給率も上がり、温暖化を防ぐこともできます。日本人が、日本でとれたおいしいお米をいっぱい食べることで、食料自給率が高まり、環境にも優しい持続可能な循環型の世界を目指すことにつながるのです。

ごはんといえば、今、海外旅行に行って世界中のいろいろな国で結構おいしい和食が食べられるようになったと思いませんか。そう感ずる最大の理由は、おいしいごはんが食べられるようになったからです。それもそのはず、日本の品種（ジャポニカ米）をカリフォルニアとイタリアで日本と同じ栽培方法で栽培し、キッコーマンが販売しているのです。おいしいご飯があってこそのおいしい和食ということです。

一方で、味噌汁もごはんとともに、語らないわけにはいきません。しかし、塩分の取りすぎを気にする人たちは、とくに味噌汁を敬遠する傾向にあります。また、ごはんの喫食機会の減少に比例して味噌汁を飲む機会が減少してしまっています。しかし塩分のことだけを考えたら、パンや麺を食べながら飲むスープの方がはるかに食塩摂取量は多くなります。さらに、そのパンや麺にも塩分は含まれており、塩分の含まれないお米より、知らず知らずに塩分を摂取してしまいます。みそ汁一杯飲んでも食塩摂取量は1・2g～1・5gです。さらに、味噌に含まれる大豆ペプチドには、血管を柔らかくして、血圧を下げる力や、大豆イソフラボンのように、食塩の排泄を促す力があることがわかってきています。血圧を気にするなら、むしろ毎日一杯味噌汁を飲むことを推奨します。最近ではやっと、具沢山味噌汁を推奨するレシピなども出てきました。ありがたいことです。

もう一つ、麺、パンと比較してごはん食の良いところがあります。それは咀《そ》嚼《しゃく》力と唾液の関係です。お粥、雑炊と比べて、ごはんはしっかりよくかんで食べるものです。パン、麺と比べてもきちんとよくかんで食べます。この「よくかむ」ことが健康上も、とっても大切なことなんです。そして、その時にしっかりと唾液が出ることで、ごはんのでんぷんが糖にかわり、消化が促進されます。この「よくかむ、唾液が出る」行為をしっかりしないと、口腔機能が低下し、栄養不足、筋肉量ダウン、食欲不振、ますます口腔機能が低下するといった負の連鎖に陥り、要介護状態や、誤嚥《ごえん》の原因になったりします。老人の朝ごパン比率が高いことがとっても気になります。

ということで、なにはなくとも「和食」の基本はおいしいごはんと味噌汁です。ぜひ、もっともっとごはんと味噌汁を食べて、元気で長生きしてくださいね。

◇一汁三菜とは？　漬物のちから

いよいよ「一汁三菜」のお話です。「一汁三菜」はその字のとおり、「お汁一杯とおかず３つ」と理解している方が多いかもしれませんが、それはちょっと違います。「一汁三菜とは和食の献立の基本構成」のことで、「ごはんと味噌汁とお漬物」という基本献立セットに〈主菜一、副菜二を合わせた栄養バランスの良い献立〉のことを指します。「ごはんと味噌汁とお漬物」という基本献立セットが前提であることがポイントになります。「主菜」とは一般的にたんぱく源といわれる、魚介類、肉類、豆腐・大豆製品を使用したおかずのことです、「副菜」とは、野菜・果物・きのこ・海草類等を調理したおかずのことを指します。しかも三菜を作る際には、酢の物、煮物、焼き物、和え物、蒸し物など異なる料理方法を選択したり、素材も異なる素材を選択したりすることで、目にも、味にも、食感にもバリエーションをつけることが可能です。いろいろな素材を同時に数種類採ることで、自然に栄養バランスもよくなるという利点もあります。

ごはんと味噌汁が基本となっていることは前頁でも語りましたが、一汁三菜にはもう一つ忘れてならない要素があります。

そう「お漬物」です。「一汁三菜」を語るときには必ず「お漬物」を食べることが前提となっています。ごはん、味噌汁とお漬物は必ずセットになります。かつては各家庭で、ぬか漬けや、塩漬けのお漬物をつくっていました。なかには味噌漬け、溜まり漬け、しょうゆ漬け、奈良漬けなどのように、和風の発酵調味料に漬け込む場合もありました。これは、自然に発酵食品を食生活に取り込もうとする知恵でもあり、とくに乳酸菌の力を腸内細菌に取り込み、健康を維持していたのかもしれません。

今の人は「一汁三菜」といわれると、難しく考えてしまいますが、むしろ、何も考えなくても、迷わなくても自然に栄養バランスの良い、日本人ならではのおいしい和食がつくれちゃう、魔法の献立の構成として重宝がられていたことがご理解いただけたと思います。

漬物で気になることが一つだけあります。それは、本当の漬物、発酵した本物が世の中にとっても少ないということです。ぬか漬け、塩漬けをおつくりになるご家庭ならばよいのですが、「漬物は買ってきます」とおっしゃる方がほとんどだと思います。真面目に昔ながらの作り方でつくっている「漬物屋さん」で買ってくれば間違いはないのでしょうが、一般的なスーパーで販売されているお漬物は、調味液漬けの商品が多いようです。その際、原材料表示を確認してください。本来であれば「ぬか、塩、唐辛子、こんぶ、柚子」とか、いたってシンプルな原材料のはずですが、多いのは調味料（アミノ酸等）、酸味料、増粘多糖類（粘度をつけるための添加物）。なかには、「漬け込み調味料」なんていう表示もあります。せっかくの発酵物を食べているつもりでも、調味液漬けのお漬物なんてことがありますから、気を付けてください。

◇おはし・茶碗・お椀

「一汁三菜」にあわせて、配膳のお話も「和食」の大切な要素となります。**写真１**に示すようにご飯茶碗は左、味噌汁椀は右、箸の先は左向き。が、日本の配膳の決まり事です。これは、箸を右手で持つことが前提となっています。よく利き腕の話とごっちゃになって、「箸を右手に強制するのはおかしい」とおっしゃる方がいらっしゃいますが、利き腕を強制しろとは言っていません。昔から箸は右手で持つものと決まっていて、躾《しつけ》として、親が子どもにしっかり教え込むことが当た

「和食」の特徴
多様で新鮮な食材とその持ち味の尊重
栄養バランスに優れた健康的な食生活
自然の美しさや季節の移ろいの表現
正月などの年中行事との密接な関わり

り前だったという事実をお伝えしているまでです。しかもきちんと箸の使い方を教われば、誰でも右手でちゃんとした箸づかいができます。左利きの子どもでも、右手で箸の持ち方を教われば、誰でも右手できちんと箸が使えます。今ではお箸屋さんが、サービスとして、ホームページ上で箸の持ち方練習の動画などを提供しています。親から子どもに、子どもから孫にきちんと食の躾が食卓で伝承されることが、当たり前のことだった頃は、箸づかいが悪い＝きちんと躾をされていない＝育ちが悪いとたちどころに悪い評判がたってしまいました。それくらい「食べる」こと、そしてその作法が、生活の中心にあったに違いないと想像できます。

しかし、戦後、高度経済成長とともに核家族化が進み、共働きや鍵っ子という社会現象が起こると、家庭の食卓での食の躾の伝承などどこへやら、親から教わらないし、指導されないので、それぞれの子どもの利き腕（右手、左手）で好き勝手な持ち方となり、それは、それは驚きの箸づかいの人が世の中にいっぱい登場するようになってしまいました。今は、よっぽど外国人の方のほうが、一から箸の持ち方を素直に勉強するので右手でちゃんとした箸づかいができる人が多いのではないでしょうか。今、この本を読んでドキドキしている、箸づかいの悪いあなた。今からでも遅くはありません。きちんと練習すれば一週間もかからずに、理想の箸づかいができるようになります。きちんと習って、練習すれば誰でも箸は上手に使えるようになります。自転車や一輪車と同じです。あきらめずに練習すればよいだけです。

お箸のことをここまで力説するのには実は、わけがあります。というのもかくいう私は小学校に入学する前は「バッテン箸」だったのです。わが家が魚屋であったことは、すでに述べましたが、物心ついた頃はとっても忙しく、家族そろってゆっくり食卓を囲むという習慣がありませんでした。むしろ交代でぱっぱと食べる、しかも時間帯も昼ごはんは3時、夜ごはんは10時では……、とても良い子の食事時間ではありませんでした。幼稚園に行くようになってからは、昼ごはんは12時、夕飯も夕方6時頃となりましたが、当然一人でテレビ見ながら食べるが当たり前になり、箸の躾が完全に抜けてしまいました。とはいえ、スプーンから、みようみまねで箸を使い、たまたま右利きだったので、右手の「バッテン箸」となってしまったのでした。そのことに気づいたのが母でした。さすがに小学生になるにあたって、「バッテン箸」では、親がきちんと子どもを躾ていない！　と、みんなに知らしめることになると気づいたようで、そこから猛特訓が始まりました。一から教われば、1週間とかからず上手になるのですが、下手に癖がついているとなかなか修正が大変で、ついつい面倒になり、バッテンで持ってしまう。そのたびに母に叱られながら、何とか小学校入学までには頑張って普通の持ち方ができるようになりましたが、結構大変だった記憶があります。小学校の給食は、箸ではなく、先割れスプーンで、「頑張って修正した意味がないじゃん！」とその時は思っていましたが、「食育の先生」なんていわれる今となっては、慌てて猛特訓をしてくれた母に感謝をしています。

箸についてはもう一つエピソードがあります。右利き、左利きとの関係です。左利きの人にも箸は右で持ちましょう！　とお伝えしていますが、それって実は大変なことを強いているのではないか？　と思ったのです。ならば自分も利き腕とは逆の左手で「箸を持ってみよう！」ということで、箸屋さんの出した本を読みながら、特訓を始めました。最初はとても箸を使えるようになるとは思えない状況でしたが、毎日練習していたら、意外や意外一週間もたたないうちにそれなりに使えるようになりました。左手を使うと「右能が鍛えられる」との説もあり、両手箸が使えることに、ちょっと嬉しくなりました。ということで、仮に箸の持ち方が気になっている方、左利きという理由で左手で箸を使っている方は、たった一週間の努力で、新たな一歩を踏み出せることになります。正しい持ち方の練習をしてみてください。おすすめです。

◇年中行事との密接なかかわりがどんどん薄れている

ユネスコの無形文化遺産登録の決め手になった「日本の食文化」の素晴らしさに、正月などの年中行事との密接なかかわりがあります。日本の食文化は、年中行事と密接に関わって育まれてきました。自然の恵みである「食」を分け合い、食の時間を共にすることで、家族や地域のきずなを深めてきました。と書かれていますが、今、皆さんはどうお感じになりますか。さすがに地方へ行けばお正月や、お盆や、お祭りの時には家族・親戚が一堂に介して、ご馳走を食べます。という方が多いのではないでしょうか。しかし都会では、家族や親せきが集まることすら少なく、年中行事との食のかかわりがどんどん薄れてしまっていると思われます。例えばおせち料理には、素材の意味や料理法それぞれに、縁起の良い言い伝えがありましたが、今では「洋風おせち」のように縁起を無視した単なるごちそうになってしまいました。お祭りも、だんだん集まる人が減って、単なるお祭り騒ぎになってしまう傾向があります。とっても寂しいことですが、年中行事とのかかわりが薄れる要因でもあります。

とはいえ、テレビのケンミンショーのように、まだまだ全国レベルでみると、土地・土地の風習や、年中行事と、郷土食の結びつきは数多く残っていることがわかります。一月七日には七草がゆを食べるご家庭が多いのではないでしょうか。また、最近は食糧廃棄の問題「フードロス」が注目されていますが、二月三日、節分の日に食べる「恵方巻」のブームのおかげで、節分の意味や豆まきの意義、翌日は立春であることなどを意識するきっかけとなりました。三月三日のひな祭りの日には、ちらし寿司や、てまり寿司をつくって、蛤《はまぐり》の潮汁に菜の花を添えたりします。もちろん菱餅や、ひなあられも食べますよね。五月五日端午の節句といえば柏餅や、ちまきを食べますが季節柄、筍《たけのこ》料理を食べてすくすく育つようにとか、初鰹などの縁起物を食べて子どもたちの成長を願ったりします。七月七日の七夕には天の川をイメージして、季節の素材を添えた七夕そうめんで涼をとります。九月九日重陽の節句は、別名菊の節句とも呼ばれ、昔から菊の花を食べる習慣がありました。このように何気なく季節、季節の行事にあわせて、その時ならではの料理を楽しんでいます。また、お祭りに合わせた郷土食もまだまだ存在しています。

何を隠そう私は大学時代「旅と祭りの会」というサークルに所属していました。「地方を旅してその土地・土地の「お祭り」に参加する。そして、その歴史・風習に触れながらその土地・土地の郷土食をいただく。そのことを通じて、その土地の歴史・文化を理解し、日本を知ることとなる」そんな思いで活動していました。今更ながら、よいサークルに入っていたなと思います。こんな形でお仕事につながってくるとは当時は思ってもいませんでした。薄れつつあるとはいえ、ぜひ、こんな素晴らしい、日本の食の文化を忘れずにいたいものです。

◇「いただきます」、「ごちそうさま」にこめられた感謝の気持ち

食事の時に「いただきます」、「ごちそうさま」というのは日本人だけで、和食のユネスコ無形文化遺産登録の際にも高く評価されました。普段から当たり前のように言っているこの言葉の正しい意味をご存じでしょうか？「いただきます」も「ごちそうさま」も食べることに関す

る「感謝の言葉」なのです。ではいったい何に感謝しているのでしょうか。「いただきます」はすべての食材の命への感謝を表しています。皆様もご存じのように、我々が口にするものは実はすべて命あるものなのです。逆に言うと口から、吸ったり、飲んだり、食べたりするもので、「命のないもの」はたった3つしかありません。「空気・水・塩」それ以外は、姿はかわれど、もとはといえばすべて命のあるものでした。さすがに焼き魚を一匹丸ごと食べれば、命あるものとピンときますが、しょうゆはどうでしょう。しょうゆといえど大豆と小麦の種に込められた素晴らしい命を「おいしさ」に変えていただいています。このように私たち人間が明日以降元気に活躍できるように、いろいろな食材の命をいただいていることがわかります。しかし、調理済み食品や、加工食品が増えてきて、更には普段何も考えずにただ食べていると命をいただいているという感覚がどうしても薄れてきます。さらに、「いただきます」という言葉だけを切り離すと単純に「命をいただきます」と言っているように聞こえますが、その実はもう少し奥深く「食材の命を（食べることによって）私の大切な命に代えさせていただきます」と言っているのです。食事を食べるときに、すべての素材の命をいただいて、自分の命に代えさせていただくことへの感謝の表現をしていることがわかります。

一方、「ごちそうさま」は、関わっていただけた数多くの人への感謝の言葉です。語源を調べると「馳走であった」というお殿様ならではの表現になります。お殿様のために何日も走り回って素材を集めてきたことへの、ねぎらいの言葉がその語源ですが、今は、食事のためにかかわってくれたありと、あらゆる人への感謝の言葉と意味づけられています。子どもたちにその話をすると、すぐに給食のおばさん達を思い浮かべますが、よ〜く考えてみると、素材を採って来た人、その素材を育ててくれた人、収穫した人、運んでくれた人、加工したり、つくったり、売ってくれた人、その素材を調理してくれた人、そもそも稼いでくれた人。そのように考えると目の前の料理に、かなり数多くの人々がかかわっていることが想像できます。このように毎食、毎食数多くの方々がかかわってくれて、初めてこのおいしい料理を食べることができたのだということに毎回感謝の言葉を述べているのです。普段何も考えずにただ食べているのと、素材や、作ってくれた人にも思いをはせて感謝して食べるのとでは、身体に入った後に、栄養になる割合が違うような気がします。一人のお食事の時にあまり大きな声で「いただきます」、「ごちそうさま」とは言わないかもしれませんが、せめても心の中で感謝の言葉を述べて、おいしく召し上がっていただけたらと思います。

第6章　付録・和食の科学性を検証

これまで、「和食のすばらしさ」、「和食ってなぁに」といった、素朴な疑問に応えるために、いろいろな側面から「和食」を見つめてきました。そして和食は、旬の食材が豊富で、その持ち味を尊重し、とってもヘルシーで栄養バランスが良く、自然の表現を皿に盛り込み、年中行事等と密接なかかわりがあること。そしてごはんと味噌汁、漬物に主菜と副菜を合わせる。「一汁三菜」という献立や、だしと水といった和食の構成要素について考えてきましたが、なんといっても日本の国菌＝麹菌と米と大豆からつくられた日本独自の発酵調味料であるしょうゆ、味噌、日本酒、みりん、酢で味付けした料理こそが「和食」であることがわかりました。では、この章では、日本独自の発酵調味料。しょうゆ・味噌・日本酒・みりん・酢が、一体どのような歴史の中で、どのように作られ、現在に至っているのか、またその魅力や機能性、知って得する豆知識などを細かくご紹介したいと思います。それぞれの調味料の科学を詳しく知ることで、読者の皆様は「和食博士」として、とくに子どもたちにその素晴らしい文化をぜひ伝えてください。

（1）しょうゆの科学

◇しょうゆは日本人の発明品。江戸時代に普及し、世界の調味料に

　しょうゆの歴史は諸説ありますが、もともと、味噌を保存していたときに、桶の上澄みや、底に溜まった液体をなめたらおいしくて、味付けに適していたところから、液体のおいしい調味料をつくろうと日本人が発明したものと言われています。今から450年ほど前、江戸時代が始まる少し前に紀州（今の和歌山県）湯浅で作られた「溜まりしょうゆ」がそのルーツと言われています。その後江戸時代に入り上方では色の薄い「うすくちしょうゆ」が作られ、江戸では色の濃い「こいくちしょうゆ」がそれぞれ開発され、江戸の食文化とともに普及したと言われています。

　キッコーマンでも今から約350年前に千葉県野田市でしょうゆづくりをはじめ、その後機械化、大型化はされましたが、基本的な作り方は江戸時代からほとんどかわらない本醸造方式で、今も手間暇かけておいしいしょうゆをつくっています。今や日本国内にとどまらず、世界約100か国以上でその国の料理にしょうゆは使われています。とくに肉の臭みを消したり、うまみを引き立たせたりできることから、アメリカ、ヨーロッパなどでも評価され、今や世界の調味料として認められるようになりました。キッコーマンでも日本以外に7つの工場があり

ます。アメリカ2工場、中国2工場、台湾1工場、シンガポール1工場、オランダ1工場です。それぞれの国で世界のスタンダードキッコーマンしょうゆが作られています。中国や韓国、東南アジアには、しょうゆと同じような発酵液体調味料がいろいろありますし、日本における発酵文化も、もともとは中国大陸や朝鮮半島から伝えられたものです。しかし、今皆様が召し上がっている「しょうゆ」は、まさにメイドインジャパンです。日本人が発明した日本独自の調味料です。そして、世界中の人をおいしさで笑顔にすることのできる日本の宝なのです。

◇しょうゆの原材料と作り方

しょうゆの原材料は大豆、小麦、食塩といたってシンプルです。まず大豆を蒸します。今では蒸し器のないご家庭も多く。ほとんどがレンジでチンなので「蒸す」と言われてもピンとこない子どもが多いので、「蒸す」とはコンビニの肉まんのように湯気でほかほかにすることですと教えています。

次に小麦ですが、こちらは「蒸す」とは全く逆の方法「煎る」のです。これまた、ご家庭でゴマを煎るなんてことをしなくなってしまったので、子どもたちはわからないだろうと思っていると、意外によく知っています。コーヒーのコマーシャルで「深煎り」なんて言葉を聞いているので、「煎る」はピンとくるようです。いずれにしても、小麦は火にかけて中の水分を飛ばして細かくすりつぶします。蒸した大豆と、煎ってすりつぶした小麦を混ぜ合わせ、ここに「種麹＝麹菌」をふりかけ、ムシムシした部屋（麹室）で約3日かけて麹菌を育てます。育った麹を食塩水とよく混ぜて桶に仕込みます。この状態を「もろみ」といいます。なぜ食塩水を加えて仕込むのだろうか。それは雑菌の繁殖を抑え、乳酸菌・酵母菌といった発酵に有益な菌だけを働かせるための昔の人の知恵です。実は食塩水につけると肝心の麹菌も死んでしまうのです。でも安心してください。麹菌は死んでしまっても、麹菌が増えるときにできた酵素の働きで大豆のたんぱく質が分解されて旨味成分である「ペプチドやアミノ酸」に変わるのです。また小麦のでんぷんが酵素の働きで分解されいろいろな糖に変わります。この糖を桶に住んでいる乳酸菌が食べて、俗に言う「乳酸発酵」を始めます。乳酸菌の働きで、乳酸、酢酸、コハク酸といったいろいろな有機酸がつくられ、しょうゆの酸味やコクを作り出します。しかし、この乳酸菌たちも自分の作った酸で生きていくことが困難になってきます。

そうするといよいよ酵母菌の出番です。酵母菌がアルコール発酵を始めます。このアルコールが、しょうゆの香りの素となるのです。しょうゆの香りは、わかっている範囲でも300種類以上の香りの素があわさってできているといわれています。しょうゆの色・味・香りは、まさに発酵の力によって6か月から1年という長い年月をかけて自然の力で作り出されたものなのです。

できあがったもの（もろみ）を布に入れて搾ります。しょうゆは布に入れて搾って出てきた液体なのです。搾りたては濁っていますので、3日ほど静置しますと、上に大豆由来の油が浮きます、また、分解しきれなかった大豆や小麦の細かい残りかす（おり）が沈みます。油とおりを除いた透き通った液体だけを抜き出します。この状態を「生（なま）しょうゆ」と呼びます。通常のしょうゆはこのあと、「火入れ」といって熱を加えます。この「火入れ」によって、殺菌・酵素の働きが止められ品質が安定します。そして、しょうゆならではの色・味・香りが整います。ということは、しょうゆは「火入れ」をしてやっと出来上がるということなのです。

しかし、最近では、密封ボトルという開栓後も空気に触れない特殊な容器が開発されたのをうけて、熱を加えず、（火入れせず）特殊なフィルターで除菌だけをして、そのまま詰めた「いつでも新鮮　生（なま）しょうゆ」が発売されました。「火入れ」を行っていないためにしょうゆらしい色、味、香りが整っていないのですが、色が鮮やか、香りも穏やか、さらっとしたおいしさで、むしろ素材の色、味、香り（風味）を活かす「おいしいしょうゆ」として評価されています。

先ほどしょうゆを搾るとご説明しましたが、ということはしょうゆを搾るたびに大量の搾りかすができます。「酒粕」は見たことも、聞いたことも、食べたこともあるかと思いますが、

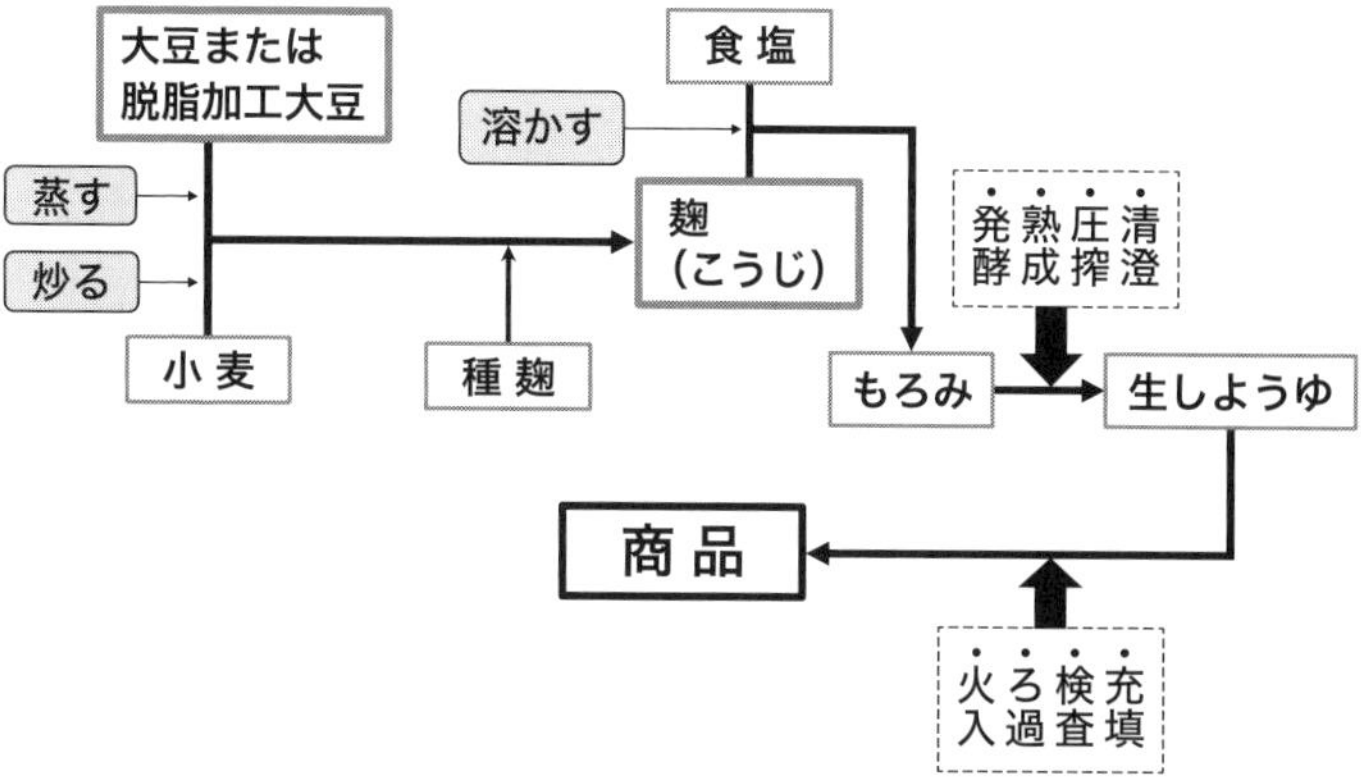

図２　しょうゆ（本醸造）製造工程図

「しょうゆ粕」をご存じの方は少ないのではないでしょうか。この「しょうゆ粕」、一切捨てることはないのです。今では牛や豚のえさに混ぜて有効活用されています。またボイラーの燃料や、紙の素とまぜて、新しい紙を作ったりしています。ちなみにキッコーマン社員の名刺は、このしょうゆの搾りかすを練りこんだ紙を使用しています。しょうゆの作り方を図２に示します。

◇しょうゆの魅力と働き

しょうゆの魅力はその色・味・香りです。まずは「色」ですが、しょうゆの色はなに色だと思いますか。「黒、茶色、紫」……確かにしょうゆはとっても濃い液体なので、黒っぽく・茶色っぽく見えますが、その実はとても透き通った赤橙色をしています。いつでも新鮮な生しょうゆを使うようになって、その鮮やかな赤橙色を初めて実感なさった方も多いのではないかと思います。それにはわけがあるのです。しょうゆは開栓後空気（酸素）に触れるとあっという間に色が濃く、黒くなってしまうのです。どんなに冷蔵庫に入れておいても約1か月も過ぎると、赤橙色《あかだいだいいろ》ではなく、ほとんど真っ黒になってしまいます。まして流しの下などに常温で何か月も放置されたしょうゆは真っ黒です。ということは、今まで真っ黒なおしょうゆを何も気にせず使っていた可能性もあります。この鮮やかな赤橙色はおいしさの目安にもなります。というのも〈しょうゆ〉が黒くなるのは、しょうゆの中に含まれる、旨味と甘みがくっついて、さらには酸化してどんどん色が黒くなるからです。わざわざ、旨味や甘みを色に変えて、風味を悪くして使っていたらもったいないですよね。また、このしょうゆの赤橙色ですが、知らず知らずのうちに「おいしそう」と感じる色といわれています。例えばしっかりと〈しょうゆ〉の滲みた肉じゃがや、ウナギのかば焼きなどは、このしょうゆの赤橙色をみただけで、おいしそうに感ずるといわれています。

次に「味」ですが、一言で「味」といっても、「味」にはいくつか種類があります。甘い！　と感ずる「甘味」、しょっぱい！　と感ずる「塩味」、酸っぱい！　と感ずる「酸味」、苦い！　と感ずる「苦味」そしておいしい！　と感ずる「旨味」の五種類です。しょうゆは塩を使っているので「塩味」だけでしょうか。いやいや決してそんなことはありません。しょうゆはこの5種類の味わいが実にバランスよくすべて含まれています。なので、どんな素材にもどんな料理にも合うのです。今やしょうゆは世界中１００か国以上の国で、その国の料理に使われているとお伝えしましたが、それはまさにこの５つの味がすべて含まれているからなのです。他の調味料で５つの味すべてがバランスよく含まれている調味料は少ないのですが、トマトとワインは塩さえ入れれば、５つの味わいがそろうので、幅広い料理をおいしくすることができます。キッコーマンがしょうゆと、トマトとワインを手掛けているのはそういう理由もあったのです。

続いて「香り」ですが、皆さんは「しょうゆの香り」と聞いてどんな香りを思い浮かべますでしょうか。お祭りの屋台で焼きトウモロコシにしょうゆを塗って焼いた時の香ばしい香りや、お餅を焼いて、しょうゆを塗ってまた焼いた時の香り、ウナギ屋さんや焼き鳥屋さんのあのおいしそうな香り。香りをかいだだけで、おなかがすくような、食欲をそそる香りです。この香りはどこから来たのでしょうか。これは発酵・熟成の過程の中で、自然にできた香りです。しかも約３００種類もの香りの素があわさってできていることがわかっています。しょうゆにはこの５つの味と、３００種類もの香りの素があるので、世界中の料理をおいしくすることができるのです。

次にしょうゆの「働き」のお話をいたします。しょうゆの色・味・香りをつける以外にもしょうゆにはいろいろな効果・働きがあります。料理人さんはこの効果・働きをうまく活用して料理に活かしています。

①加熱効果＝先ほどの香りのところでも述べましたが、しょうゆを加熱すると食欲をそそる、色と香りを作り出す効果があります。

②相乗効果＝これはしょうゆに含まれるグルタミン酸と、肉や魚に含まれるイノシン酸が合わさると相乗効果としてそれぞれの旨味の7～8倍のおいしさを感ずることができます。したがって、肉や魚にしょうゆをかけると、塩に比べて格段においしく食べることができます。

③緩衝作用＝しょうゆはおいしいと感じる弱酸性です。極端に酸性な食品でも、しょうゆを掛けただけでおいしい弱酸性にしてしまう不思議な力があります。三杯酢がそのよい例です。お酢と砂糖では酸っぱくて仕方ないのにしょうゆを数的垂らしただけで、味がまとまり、おいしく食べられます。

④抑制効果＝しょうゆ自身が塩分を多く含んでいますが、しょっぱい食べ物にかけると塩味を和らげる効果があります。しょっぱいお漬物や、塩鮭などにしょうゆをかけると塩味がやわらげられおいしく食べることができます。

⑤消臭効果＝しょうゆには肉や魚の生臭さを消す働きもあります。アルカリ性の食品を弱酸性にする働きや、しょうゆの香りでマスキングしたり、しょうゆのさらし効果で、生臭さを消すことができます。

⑥対比効果＝しょうゆを少し使うことで甘さを引き立たせる効果があります。あんこ、どら焼き、カステラなどに少ししょうゆを使用するだけで香りもよくコクも出て甘さも引き立ちます。しょうゆを練りこんだしょうゆソフトクリームや、しょうゆスイーツなども、はやりましたよね。

⑦静菌効果＝いくらのしょうゆ漬けや、佃煮などはしょうゆの静菌効果を利用しています。しょうゆの中では食中毒菌も生きられません。この殺菌力、静菌力もよく利用されています。

◇知って得するしょうゆの話

○こいくちしょうゆ、うすくちしょうゆ、減塩しょうゆの違いをしっかり知って上手に使い分けを。

江戸時代より、上方のうすくちしょうゆ、江戸のこいくちしょうゆは庶民にまで親しまれていたわけですが、関東の方々はうすくちしょうゆを見たことも使ったこともありませんでした。しかし今は、関東のどこのスーパーでもうすくちしょうゆが品揃えされ棚に並んでいます。うすくちしょうゆとは色がうすく、塩分はむしろこいくちしょうゆより高いのが特長です。色やしょうゆ味をあまりつけずに、素材の色やだしの風味を生かす関西風の煮物や、汁物に使うしょうゆです。関東にお住いの方が塩分を控えるように医者に勧められ、スーパーの店頭でどれを買おうか迷ってしまう場合があります。

その際、本来であれば減塩しょうゆ（こいくちしょうゆから塩分だけを約半分にしたしょうゆ）を買うのが正解なのですが、全くうすくちしょうゆのことを知らずに棚に並んでいるしょうゆの名前を見て、「うすくちしょうゆは味がうすいしょうゆに決まっている」と勝手解釈し、間違って購入されることがしばしばあります。そういう方にお話をきくと、「色がうすいなら、うす色しょうゆと名付けるべきだ。うすくちしょうゆとくちになっていたら、味がうすいと思うにきまっている。誰がうすくちしょうゆなんていう紛らわしい名前を付けたのだ、すぐにうす色しょうゆに名前を変えなさい」とおっしゃいます。確かにおっしゃるとおり！　とも思いますが、４００年も前から作られていて、むしろこいくちしょうゆよりも歴史がある商品の名前を変えるわけにもいかず、ＪＡＳ規格にもしっかり定義づけされているのです。ご存じないのですか？　とも言えず、わかりづらいですよね。と共感するのがせきのやまです。読者の皆様もあらためて、それぞれの違いを認識して、うまく使い分けしてください。

○丸大豆と脱脂加工大豆。

しょうゆの原料は「大豆」とお伝えしましたが、ラベルをよく見ると「丸大豆」と、「脱脂加工大豆」という表現に気づきます「丸大豆？　丸くない大豆があるのか？」などと思っているあなた、そういう意味ではありません。「丸大豆」とは大豆丸ごと使いましたという意味です。要するに「丸大豆」は「大豆そのもの」のことです。もともとしょうゆづくりには大豆を丸ごと使っていたのですから、わざわざ「丸大豆」なんて言い方をする必要もなかったのです。しかし、第二次世界大戦中、物資がとぼしくなり、大豆もしょうゆも配給の対象になりました。大豆をそのまま食べたほうがしょうゆにするより、栄養になる。いや、しょうゆがないと味付けができない。それは忍びない。と迷っていたときに大豆から、まず食用油として大豆油を搾り、大豆油を食用に有効活用したのちにその残りの「脱脂加工大豆」（大豆から油を取り去る加工をした大豆）から、しょうゆを作れないか？　という苦肉の策が提案されました。

しかし、この提案は思わぬ効果を生みます。しょうゆはもともと最後に油を取り除いて商品にしています。この取り除いた油「しょうゆ油」は半年以上もろみの上にいた油ですから、酸化してしまって、食用には適さず、切削油やボイラーの燃料にしていました。また大豆の2割くらいが脂肪分なので、それなりの量の油の処理が必要で、結構大変な思いをしていたのです。それがあらかじめ油を取り除かれた大豆は、蒸すのにも時間がかからず、もともと油の量が減っている分多く仕込むことができ、実質的に旨味成分の多いおいしいしょうゆが、簡単に、安価で作れるという画期的な効果を生みました。今で言う「エコ」です。食用油として活用された残りの大豆から、むしろ安くておいしい高品質なしょうゆが作れるということで、戦後世の中のしょうゆの原料が「大豆」から「脱脂加工大豆」へとシフトされました。しかし、脱脂加工大豆からできるしょうゆはしょうゆらしい、味も香りも強く、うまみも強いため、どんな料理もしょうゆ味が勝ってしまう傾向にあり、「何か昔のしょうゆはまろやかだったな」と感ずる技術者もいました。

そこでキッコーマンでは1990年に昔ながらの大豆・小麦・食塩でもう一度しょうゆを作ろう！　と「特選丸大豆しょうゆ」を発売したのです。この時に大豆を丸ごと使うという意味で「丸大豆」と名付けたのです。どちらが良いとか悪いということではなく、それぞれの味、風味の個性ととらえていただけるとよいかと思います。丸大豆でつくられたしょうゆはまろやかでコクのある風味なので、煮物や汁物など和風の料理に合います。一方、脱脂加工大豆で作られたしょうゆは香りがしっかりして、味にキレがあり、ステーキや炒め物での相性が抜群です。これからもそれぞれの原料を使ったしょうゆの味、風味の個性を理解して、お好みで使い分けていただけるとよろしいかと思っています。

○しょうゆの保存方法（冷蔵庫と密封ボトル）

ペットボトルのしょうゆには「開栓後は冷蔵庫に保存し、なるべくお早めにご使用ください」

と表記されています。今はやりのいつでも新鮮密封ボトルのしょうゆには、「開栓後は常温保存で約90日間おいしく召し上がれます」と表記されています。なかには１２０日間の表示の商品もあります。とはいえ、一般の方にお聞きするとペットボトルは流しの下、密封容器は冷蔵庫という方のほうが多いという現状があります。でも、まったく逆が正解なのです。ご説明すると「生しょうゆなのに常温で大丈夫なの？」、「ペットボトルは冷蔵庫に入れないとだめなの？」とみなさん驚かれます。そうなのです。ほとんどの方が、なぜ、そのような表示があるのか、どういう変化、影響があるのかを全くご存じないのに、イメージでなんとなく、これは冷蔵庫、これは流しの下と決めていたのです。では、しょうゆの保存についてあらためてご説明させていただきます。

そもそも、しょうゆはとても保存性の高い調味料です。そして冷蔵庫のない時代からありました。さらにかつてしょうゆは年に一度だけ農閑期に作り、一年間そのしょうゆを使う。というサイクルで使用されていました。そう、しょうゆは開封後常温で保存しても腐ることはありませんし、おなかを壊すような菌が増えることもありません。しょうゆの中で生きられる菌は唯一耐塩性の酵母菌（産膜酵母）くらいで、もちろん無害です。桶とか甕《かめ》にしょうゆを入れて一年間使っていた頃は、産膜酵母が生えて白い膜が張ってくると、それをよけて濾して使うことが当たり前でした。ただ、これは腐るか腐らないか。使えるか使えないかというレベルの話で、味わいとか風味の話は全く別です。搾りたてのしょうゆはとっても鮮やかな赤橙色をしていて香りがよいことは前述しました。その鮮やかな色も、華やかな香りも、酸素と触れた瞬間から、酸化による変化で、どんどん色が黒くなり、華やかな香りがなくなっていきます。しかしその変化を抑えることはできないので、その当時は仕方ないものとしてあきらめていたのだと思います。その後、しょうゆをビンに入れて熱を加えて殺菌し、王冠を打栓し保存する技術が開発され、一升瓶に詰めて保存ができるようになりました。このおかげで、栓を開けるまでは酸化しないため、1年間いつでも新鮮でおいしいしょうゆが使えるようになりました。その後、一升瓶からペットボトルにかわり、しょうゆも毎日製造し、毎日充填《じゅうてん》できるようになったため、古い、真っ黒なしょうゆを使う機会はなくなりました。ところが、ところがです。家族がいっぱいいて、家庭で煮物や汁物をたくさん作れば、1リットルのしょうゆくらいあっという間に使いこなせるのですが、核家族化、少子化、共働き、つゆやたれを使用することも当たり前になり、外食、中食の機会が増え、加工食品・調理済み食品も増え、とにかく家庭内でしょうゆを使用する機会、量が激減してしまったのです。キッコーマンは、「おいしい記憶をつくりたい」というコーポレートメッセージで、皆さんにできるだけおいしいしょうゆをおいしい状態で使用していただきたいと願っていました。しかし、ここまで使用量が下がったら、とてもご家庭で1リットルは使いこなせないので、750ミリリットルや500ミリリットルを中心に品ぞろえをお願いし、せめても開栓後は冷蔵庫に入れることで、酸化による品質の劣化を少しだけ遅くしていただきたいと、「開栓後は要冷蔵」の表示も始めました。しかし開栓後冷蔵庫内で保存したところで、一か月もたてば真っ黒になってしまいます。そのために「一か月以内に使用できる量のおしょうゆをご購入願います」とおすすめもしてきました。しかし、その実態は、ほとんどのご家庭が安売りの１リットルのしょうゆを何本も備蓄し、開栓後流しの下に置いておきます、冷蔵庫に入れたところで真っ黒にして風味を悪くして、そのことに気付きもせずにご使用されている状態でした。

そこに現れた「いつでも新鮮ボトル」安価なプラスティックボトルですが、空気に触れない密封ボトルなので、開栓後もほぼ未開栓と同じ状態が保たれます。これは「おいしい記憶をつくってもらいたい」という願いを実現できる特殊な容器なのです。酸化による色の変化も、風味の劣化も抑えることができますので、開栓後90日でも、１２０日経っても、いつでも新鮮な状態でしょうゆを使用することができるのです。「生しょうゆなのに冷蔵庫に入れなくてよいのですか」と、よく聞かれますが、酸化しない容器（未開栓とあまりかわらない）なので、常温での保存をおすすめしています。一般的な常温が温暖化でどんどん上がっていますが、直射日光が当たらない、通常の室内の温度であれば、冷蔵庫内（10度以下）での保存と、それほど大きな差がないからです。それより冷蔵庫の保存を気にするより４５０ミリリットル、２００ミリリットルのしょうゆを3か月、4か月もかけて使用していることに少し疑問を持っていただきたいと思っています。

○減塩しょうゆって水でうすめただけなの?

キッコーマンが「減塩しょうゆ」を発売して、すでに50年以上の歴史があります。しょうゆのおいしさそのままに、塩分だけを約半分にカットしているので、同じ量使用しても塩分だけ半分に減らすことができます。とはいえ、あらためてどうやって減塩しょうゆをつくっているのかをご存じない方も多いのではないでしょうか。「塩分を半分にするにはしょうゆを水で倍に薄めればいいじゃない?」という方がいらっしゃいますが、それでは色も、旨味も甘みもすべての味わいが半分になってしまします。確かにかつては、濃くつくったおしょうゆを水で希釈して、足りない色をカラメルで、足りない味わいを化学調味料や、糖分や酸味料で補ってつくる「気釈法」という方法でつくった商品もありました。しかしキッコーマンの減塩しょうゆは海水から塩を取り除き、真水をつくる手法を応用し、イオン交換膜を用いてしょうゆから塩分だけを取り除く「脱塩法」でつくられています。したがってしょうゆの色、香り、旨味、甘み、酸味などおいしさや風味をそのままに塩分だけが約半分にカットされているのです。もともとは入院患者さんの塩分摂取量を減らす目的で開発された商品ですが、今や塩分が少ない分、素材の味わいを活かして、むしろおいしくて、健康的な減塩生活を求める方々にご好評をいただいています。まずはお刺身や、焼き魚やお浸しなどにつけたり、かけたりして試してみてください。最初のうちは、味が物足りなく、ちょっと寝ぼけた味に感ずるかもしれませんが、毎日使用していると、すぐにその味わいに慣れていきます。あらためて元のしょうゆに戻すと、すごくしょっぱく感じて驚かれると思います。参考資料［1］

（2）味噌の科学

◇味噌の歴史。手前味噌

味噌は、しょうゆが発明されるよりも以前から日本で作られていました。とはいえその祖先は中国の醤（ジャン・ひしお）と朝鮮の末醤（ミショウ）という二つのルートがあると言われています。味噌は「手前味噌」といわれるように各家庭で作られていたために、家庭ごとに味わいが異なります。また、地域によってもその原料、作り方が異なります。とはいえ、今日本全国のいろいろな味噌を大別すると3つの味噌に分類することができます。麦味噌、豆味噌、米味噌の3つです。麦味噌は九州・山口・愛媛、豆味噌

は東海3県（愛知・岐阜・三重）、その他全国各地の味噌は米味噌に分類されます。すべての味噌の主たる原料は大豆なのですが、その味噌のもとになる麹を何で作るのかで、大きく分類されます。すなわち麦味噌は麦麹、豆味噌は大豆麹、米味噌は米麹を使用しているのです。

先ほど中国の醤（ジャン・ひしお）と朝鮮の末醤（ミショウ）という二つのルートがあるとお伝えしましたが、まさに中国の醤（ジャン・ひしお）は、中国から九州に伝わりました。中国の醤（ジャン・ひしお）は穀物を粒のまま麹にしますが、大麦や粟などの雑穀麹を使うことが一般的でした。この作り方の流れを汲んでいるので、いまだに九州・山口県、愛媛県では、大麦麹から作った麦味噌が主流となっています。一方、朝鮮半島経由で日本に伝わった朝鮮の末醤（ミショウ）ですが、おそらく福井県あたりを経由して，東海三県にたどり着いたものと思われます。ルーツは朝鮮半島のメジュという、蒸してつぶした大豆の塊を干して、カビ付けしたもので、麹菌や枯草菌《こそう》（好気性細菌の1つで、大気、枯れ草、土壌の中に存在する大型の桿菌《かんきん》で、病原性はない）の働きを利用しています。豆味噌はまず味噌玉をつくって、そこに麹菌をはやします。その豆麹と改めて蒸した大豆を混ぜ合わせ、発酵させます。一方、米味噌ですが、この作り方は九州の麦味噌とほぼいっしょなので、もともとは中国の醤（ジャン・ひしお）がルーツであるといわれています。米のほうが、大麦に比べ麹づくりが楽で、品質も安定して、おいしく仕上がるので全国に広がっていったと思われます。また、この米麹そのものが、日本を代表する国菌の麹であることは皆さまのご想像の通りだと思われます。今は、豆味噌も麦味噌も日本由来の麹菌が使われていますので、日本ならではの味わいといえます。

味噌のルーツはそのほとんどが中国の醤（ジャン・ひしお）であることがわかりましたが、その名前は朝鮮の未醤（ミショウ）がルーツになっています。「味噌」という文字が最初に出てくる書物は、平安時代に菅原道真が著した「日本三代実録」（901年）といわれています。味噌は、その当時は貴族や、えらい僧侶などの食べ物で、一般人には貴重品で、用途も味噌汁ではなく、何かにつけて食べたり、煮物の調味料として使用されていたようです。室町時代には味噌専業者があらわれ、庶民の間にも普及し始めました。とはいえ味噌づくりが本格的になったのは江戸時代になってからのことといわれています。

◇味噌の原材料と作り方

前述のとおり、味噌は大きく分けて3タイプに分かれますので、それぞれの原材料と作り方をご説明いたします。とはいえ、作り方は大きく分けて2つに大別されますので、まず最初に豆味噌から、ご説明いたします。もともとの豆味噌は大豆を蒸して、潰したら、手で握り玉にします。そこに麹菌をふりかけ麹菌を増やします。出来上がったものを豆麹と呼びます。この豆麹を食塩と水でこね、桶《おけ》に敷き詰め、足で踏み空気を抜き、その後発酵熟成させます。今では豆麹を作る際に握り玉を作らず、蒸した大豆にそのまま麹菌をふりかけた〈大豆麹〉も使われています。また黒大豆を使った味噌や、発酵熟成期間が2年の物、3年の物などで、その色合い、風味が異なります。とはいえ、原料は大豆と食塩だけで、豆の味わいとコクがあり、色が濃いのが特長です。現在でも豆味噌は愛知・岐阜・三重、東海三県の名産品となっています。愛知赤だし味噌や、八丁味噌もこの豆味噌の一つです。

次に麦味噌です。蒸した大麦を粒のまま麹菌をふりかけ、室《むろ》で寝かして麹菌を増やします。この麦麹と蒸した大豆、食塩を混ぜ合わせ、桶に入れて発酵・熟成させます。米麹に比べて麦麹のほうが麦本来の香りがたち、比較的あっさりとした仕上がりになります。また、麦麹の比率を多くすることによって、甘みのある麦の香りの強い味噌が作れます。原料は大麦、大豆と食塩だけで、甘みの多い味噌に仕上げることが多いようです。現在でも麦味噌は九州、山口、愛媛の名産品となっています。

一方、米味噌ですが、大麦の代わりに米を使って麹をつくるところが麦味噌との違いで、その他の製造方法は麦味噌と大差はありません。しかしながら、米味噌こそ、各地の味の嗜好に合わせて、米麹の分量の違いや、熟成期間の長さの違いで白味噌、赤味噌、甘口、辛口と味、風味にバリエーションがあります。とはいえ、大きく分けると関西以西は比較的米麹多めの甘口白味噌、それが長野、関東になると米麹が関西ほど多くなく、辛めの赤味噌になり、さらに東北地方まで行くと仙台味噌、秋田味噌に代表される大豆比率が増えた辛口の色の濃い味噌になります。かつてから味噌づくりは農閑期の仕事で、各村々共同でまとまって、麹を作ったり、豆を蒸したりして、味噌の素をつくり、そこからの発酵熟成、手入れは各家庭で行っていました。各家庭の常在菌の差や、温度・湿度の差でまさに手前味噌。家の味になったのだと思われます。

今、日本はどんな地方に行っても都会的な生活ができるようになり、テレビやネットの情報はどこにいても共通で、地域の個性がどんどん失われてきています。よほどの観光地でもない限り、飲食店もチェーン化された全国区なお店が増えています。そんな中、生まれ育った地方によって、毎日飲んでいた味噌汁の味が異なるため、転勤などで住む地域が変わると、真っ先に味噌汁の味の違いでその地方を感ずるというのもうなずけます。

◇味噌の魅力と働き

味噌の需要は、味噌汁での使用が圧倒的ですが、ごはんを食べる機会の激減（麺食、パン食の機会の増大・炭水化物ダイエット等の影響）にあわせて、味噌汁を飲む機会も激減しています。さらには、塩分の取りすぎ、高血圧予防の対策として、手っ取り早く味噌汁の飲む量を減らそうというイメージが定着していることも事実です。しかし、味噌には、むしろ血圧を下げる機能や、ガンの予防、胃潰瘍を防ぐ、コレステロールを減らす、消化を促進する、老化の原因となる体内の酸化を防止する、食物繊維が豊富で腸の掃除をしてくれるなど、いろいろな機能や効能が発表されています。素晴らしい魅力と、働きがあるにも関わらず、あまりにも身近すぎてその魅力、働きを知らない方がとっても多いのが気がかりです。

とはいえ、最近は具沢山の味噌汁を推奨するレシピ本なども発行されています。いろいろな素材をバランスよく簡単に飽きずにおいしく食べるコツとして、具沢山の味噌汁が推奨されているのです。野菜・根菜・きのこ・イモ類・魚貝類・海草類・肉類をその日の気分で組み合わせて、だしと一緒に煮て、最後に味噌を溶けば出来上がる。味のバリエーションとして、各地のいろいろな味噌を試してみるのも楽しいと思います。発酵物の味噌の効果と、簡単調理で、楽しく、おいしい具沢山の味噌汁を作ってみませんか。

◇知って得する味噌の話

前述しましたが、味噌には素晴らしい効果効能が発表されています。以下、味噌健康づくり委員会（全国味噌工業協同組合連合会がすぐれた健康食品である味噌を、皆様の健康増進に役立てていただけるように設立した組織）のホームページより抜粋しました。ということで、知って得する味噌の話です。

味噌には必須アミノ酸８種がすべて含まれている。

「味噌は医者いらず」といわれるくらい栄養豊富で、とくに大豆由来のたんぱく質を多く含む食品です。さらにはその大豆のたんぱく質が発酵によって分解され、各種アミノ酸として含まれております。生命を維持するのに必要な必須アミノ酸８種類がすべて含まれています。

各種栄養素が消化、吸収されやすい

大豆のたんぱく質は非常に優れている。その反面、消化吸収されにくいという特長があります。しかし、味噌は酵素の働きであらかじめアミノ酸に分解されているので、消化吸収しやすいと言えます。米や麦に含まれるでんぷんも同様で、酵素の働きにより、各種糖類に分解されているので、こちらも消化吸収されやすいという特長があります。

血中コレステロールを制御する働き

血中コレステロール値が上昇すると、動脈硬化などの血管の病気が促進され、脳梗塞、心筋梗塞、血栓症などの原因となることが知られています。コレステロール対策こそ、心臓疾患を予防する鍵といえます。県立姫路工業大学・環境人間学部の辻啓介教授は「味噌の原料となる大豆には7つの有効成分があり、なかでも大豆油に含まれる不飽和脂肪酸であるリノール酸と、大豆レシチンには血中コレステロールの上昇を抑える効果がある」という研究結果をまとめています。「過去、欧米に比べて日本人に心臓病が少なかった理由の一つは、みそ汁を代表とする大豆食品を食べる食文化を継承してきたからだともいえる」と辻教授は記しています

味噌が胃がんの発生リスクを下げる

1981年10月、当時、国立がんセンター研究所で疫学部長をしていた故平山雄博士が日本癌学会で報告したのが、『味噌汁の摂取頻度と胃がん死亡率との関係』を調べた疫学調査です。これによると男女いずれも、味噌汁を飲む頻度が高い人ほど胃がんによる死亡率が低いことがわかります。ことに男性の場合は、味噌汁を「毎日飲んでいる人」と「まったく飲んでいない人」とでは、「まったく飲んでいない人」のほうが、胃がんによる死亡率が48％も高くなっていました。このように、がん予防の見地からも、味噌の効果は評価され、注目されています。

毎日味噌汁を飲んでいると乳がんになりにくい

「味噌汁の摂取が多いほど乳がんになりにくい」という調査結果が2003年に発表されました。発表したのは厚生労働省の研究班（主任研究者・津金昌一郎国立がんセンター研究所・がん予防研究部長）。研究班では4県14市町村に居住する40～59歳の女性2万1千852人を対象に、味噌汁や豆腐、納豆などの大豆製品の摂取量と乳がんの発生率の関係を10年間にわたって追跡し、疫学的に調査を行いました。その結果、「みそ汁1日1杯以下」の人を1とすると、「1日2杯」の人の発生率は0・74、「1日3杯以上」の人の発生率は0・6の数値であることがわかりました。この結果、乳がんの発生率は「味噌汁1日1杯以下」の人よりも、「1日2杯」の人で26％、「1日3杯以上」の人では40％も減少していることがわかりました。

味噌を食べて老化を抑える

老化というのは、全身の組織、機能の衰えを指しますが、細胞レベルにもそれは顕著に表れます。すなわち、生体内に過酸化脂質と呼ばれる物質が増えると、血管や体細胞、脳細胞などの老化が促進されます。以下の研究者が「味噌は老化を防止する」と発表しています。

・味噌の原料である「大豆成分」が脳卒中の発症を抑え、長寿に貢献する（京都大学・家森幸男教授　1994年）

・発酵によって、味噌に老化制御機能が生まれる（東京農業大学・小泉武夫教授　1995年）
味噌は熟成過程で抗酸化力を高める物質が生まれる（東京大学名誉教授・大妻女子大学加藤博通教授　1994）
・味噌の成分「DOMPサポニン」が老化の原因となる活性酸素を消去する（東北大学・故大久保一良教授　1999年）

味噌汁が血圧の上昇を抑える

味噌汁の具に入れる野菜、芋類などに多く含まれるカリウムは、収縮している血管を拡張させる作用があるとされています。また、具に使われる〈わかめなどの海藻〉に多く含まれるマグネシウムは、カルシウムが細胞内に流入するのを抑えます。野菜を煮ると、カリウムやマグネシウムの一部は煮汁に溶けてしまいますが、これをそっくり摂取することができる味噌汁は、余分な塩分を体外へ排出する働きがあり、日本人の食生活に欠かせない機能食といえます。

食品総合研究所・河村幸雄室長は、ラットを使った実験で「味噌の抽出物（主にたんぱく質と糖）には血圧を低下させる生理作用がある」と1993年に学会で発表しました。大豆たんぱくとみその成分中に、高血圧防止ペプチドがあることが発見され、血圧を下げる効果が証明されました。

同じ食塩量でも、味噌の塩分は30％の減塩効果がある

「同じ食塩量でも、味噌からの摂取は30％の減塩効果がある」という研究論文を共立女子大学家政学部の上原誉志夫教授が２０１２年に発表しています。上原教授は、一言で塩分といっても、食塩そのものと、同量の食塩を含む「味噌」を摂取する場合とは、どのような違いがあるのかを実験しました。食塩を多く摂取したときに血圧が上昇する体質をもった食塩感受性ラットを、①水道水　②０・９％の食塩水　③１・３％の食塩水　④10％の味噌水（１・３％の食塩水に相当）の４群に分けて飼育、観察しました。２週間ごとの血圧の変化では、③に比べて、④の味噌水を摂取していたラットでは血圧の上昇が軽度でした。このことは、食塩水そのものよりも、味噌に含まれる食塩のほうが血圧の上昇に影響しにくいことを示しています。また、味噌水には、食塩水よりも30％もの減塩効果があることがわかりました。味噌水が血圧を抑制したことで、腎臓の悪化も軽減していました。さらに、味噌を摂取したラットでは心筋の繊維化が抑制されました。これは血圧の上昇による心不全の進行過程を阻止する可能性が考えられます。以上の結果から、同じ塩分量でも食塩水そのものよりも、味噌から摂取する塩分のほうが血圧の上昇を抑えられます。また味噌に含まれる成分によって腎臓や、心臓などの臓器障害が軽減されることがわかってきました。

骨粗鬆症《こつそしょうしょう》対策には味噌汁がよい

骨粗鬆症はカルシウム不足から起こることが多い病気で、骨の密度が低く、スカスカの状態になります。骨粗鬆症の最大の予防法は、カルシウムの多い食品を継続的に摂取することです。味噌汁は毎日のカルシウム源として大きなウエートを占めています。味噌そのものに含まれるカルシウムだけでなく、だしを取る煮干しやジャコ、けずり節、具に利用される豆腐やわかめ、菜っぱ類にもカルシウムが含まれます。「味噌汁は、野菜の食物繊維やビタミンも同時に摂取できます。これが味噌汁に代表される日本の食パターンの長所です。食パターンを見直して、味噌汁のある食卓を定着させることこそ、骨粗鬆症や生活習慣病を防ぐことにつながる」と述べられています。

味噌は糖尿病の予防に効果

味噌の褐色色素は熟成過程で生成される成分で、メラノイジンと呼ばれています。女子栄養大学の五明紀春教授は動物実験で、メラノイジンが糖分の消化吸収速度を遅くし、食後の血糖値の上昇を抑える働きがあることを明らかにしています。また、メラノイジンは、たんぱく質の消化酵素であるトリプシンを阻害する働きがあることも知られており、これによって膵臓機能を促進し、血糖値を下げるインスリンの分泌を盛んにすることが予測されます。これらのことから、味噌には糖尿病予防の働きがあることが期待されています。

（3）日本酒の科学

◇日本酒の歴史。どぶろくから清酒へ

日本はお米の国、神話の時代から、米から作られたお酒が登場します。日本酒は飲むお酒ですが、和食の調味料としても重要な役割を果たしています。しかし残念ながら、しょうゆ、味噌と同じように、日本酒の需要も激減しています。日本酒・焼酎しかなかったところに、ビール・ウイスキー・ワインが入ってきて、食生活がどんどん国際化されるにしたがって、日本酒の需要がどんどん減ってしまいました。あらためて、日本酒の良さを見直して、和食に合うおいしい日本酒をたくさん飲んでいただきたいと思っています。

日本酒の歴史を紐解くときに、とっても重要なキーワードがあります。それは「糖化」です。アルコール発酵をするには酵母菌のえさとして糖分が必要になります。そう、糖分と酵母菌さえあればアルコール発酵は行われます。ワインであれば、ぶどう果汁そのものに糖分が含まれています。したがって、ぶどうをそのままほっておお

いても酵母菌が働いて自然に発酵が始まります。ビールは原料の大麦を発芽させた麦芽が分解酵素を持っていて、大麦のでんぷんを分解し、糖に変えてくれます。それで甘い麦汁に酵母菌が働いてアルコール発酵が始まるのです。

では、日本酒はどうでしょうか。日本酒の原料はお米です。お米にはでんぷんがたくさん含まれていますが、でんぷんのままではアルコール発酵はできません。でんぷんを糖化する必要があるのです。そこで、でんぷんを糖化するために、最初は唾液の分解酵素を利用していたようです。「口《くち》嚼《か》ノ《み》酒《さけ》」と呼ばれるもので、加熱した米を口の中でよく噛み、唾液に含まれる分解酵素で、でんぷんを糖化させ、野生酵母によって発酵させたようです。一説にはこの口噛みの作業は神様に仕える巫女に限られ、まさに神に捧げるための酒作りだったようです。これは清酒造りに通ずる方法として、麹菌の持つ分解酵素の働きによってでんぷんを糖化させる方法に通じます。これこそまさに日本酒の日本酒たるゆえん。日本でしか生きられない麹菌の働きを使って、日本人の主食であるお米を糖化させ、その糖分を酵母菌の働きでお酒にする。これが今の日本酒のルーツといえます。

もうひとつのキーワードは「磨き」です。最初は、玄米を使ってお酒は造られていました。玄米のぬかに含まれるいろいろなうまみ成分が溶け込んだ味の濃い、どろっとしたお酒だったようです。信長や秀吉の時代を扱った時代劇がいっぱいありますが、そこで酌み交わされるお酒はどぶろくといって、濁って、どろっとしているまさにこの種のお酒でした。そのうち精米技術が発達し、白米からお酒を造れるようになります。さらには、濁ったお酒を布に入れて濾《こ》した「清酒」が発明されました。江戸時代には、酒蔵、酒問屋など産業としての酒造りが本格化されます。そして「清酒」は飲み飽きせず、おいしいお酒として広まって行きました。さらに時がすすみ、最近では「吟醸酒」「大吟醸」などといわれ、白米の外側の部分（うまみや雑味の成分が多い層）を削った、米の中心部分からつくられたお酒が主流となってきています。このように玄米から白米。白米から磨いた米へと変化してきたのです。米を磨くことによって飲み飽きしない、すっきりしたおいしさを実現しました。その半面、個性が出しづらくなり、どのお酒も同じような味わいとなってしまう傾向にあります。

◇日本酒の原材料と作り方

必ず米を原料とする

現在、日本酒は「清酒」と呼ばれ、酒税法によってその原料・製法が定められています。「清酒」は必ず米を原料とし、「濾す」という工程が入らないといけないと規定されています。正確には酒税法第3条第7号に以下のように記載されています。清酒＝次に掲げる酒類でアルコール分が22度未満のものをいう。（イ）米、米こうじ、水を原料として発酵させて、こしたもの。（ロ）米、米こうじ、水及び清酒かすその他政令で定める物品を原料として発酵させて、こしたもの（その原料中当政令で定める物品の重量の合計が米（米こうじを含む）の重量の１００分の50を超えないものに限る）。（ハ）清酒に清酒かすを加えて、こしたもの。

では以下、本来の清酒の作り方（イ）について詳しく解説いたします。

原料処理

「精米」原料のお米は、食用の品種に比べ粘り気が少なく、たんぱく質の少ない、さっぱりとした味わいの品種を用います。玄米から精米し、最近では吟醸酒や大吟醸酒をつくるために、さらに米を磨くものもあります。「枯らし」精米（後述で説明）したてでは、かなりの熱をおびており、その熱によって、米の中の水分も奪われます。そこで、米の品温を下げることと、米の内部の水分を一定にするため、2~3週間の間、冷暗所に保管します。これを枯らしといいます。「洗米」精米し、枯らしたお米を洗い、ぬかや、汚れを落とします。この間にも米が幾分摩耗すると共に水分の吸収もあります。吸水率が品質に影響するので、細心の注意を払います。「浸漬」米に水を吸わせる時間で、品質が決まるという杜氏《とうじ》（酒造り職人の長）もいる重要な工程です。一般的には10度から15度の冷たい水に浸漬させます。「蒸し」＝浸漬したお米を蒸します。蒸すことによって、殺菌され余計な雑菌がなくなるだけではなく、米のデンプンがアルファ化され、麹菌の酵素の働きを受けやすくしてあげます。「放冷」＝蒸しあがったお米は、麹米、酒母用米、掛け米に使用されます、それぞれの使用目的に合った温度まで冷まします。昔ながらのむしろの上に広げて自然冷却する方法や、ベルトコンベアの上を移動しながら、ファンで冷やす方法もあります。

米麹（製麹・麹造り）

「製麹」＝蒸した米に麹菌を付着させて繁殖させる工程を製麹といいます。この工程しだいで、品質が大きく左右されるとても大切な工程です。約48時間（2日間）かけて麹菌を増やします。出来上がった麹は酒母造りに、醪（もろみ）造りに使用されます。まさに杜氏の腕の見せ所です。

酒母（酛）造り

酒母とは、アルコール発酵に必要な酵母を大量に培養する工程です。まず酒母用米、米麹、水を桶に入れ、麹の酵素の働きで糖化しながら、桶に住む乳酸菌・酵母菌が働くわけですが、今は乳酸菌、酵母菌を添加して、効率よく酒母を作れるようになりました。「生酛《もと》造り」というつくりかたはもともとの酒母づくりに近く、乳酸菌を添加せず、自然の乳酸菌を繁殖させるために、もとの米・米麹をすりつぶす方法です。「生酛造り」では酒母づくりに手間暇がかかります。酒母で増殖させる酵母菌ももともとは桶に住んでいたご先祖様を自然に利用していたわけですが、今では、酵母を選んで添加できるようになりました。アルコール度数の高い酒を造る酵母や、糖分を残さず辛口の酒に適した酵母など、それぞれのお酒の個性に合わせた酵母を選ぶことができるようになりました。

醪（もろみ）造り

酒母に醪づくりに必要な「蒸米（掛け米）」、「麹（掛け麹）」、「水」を投入しますが、通常3回に分けて行われ、これを「3段仕込み」と呼びます。この方法により、連続的に糖化、発酵が繰り返され、他の菌の増殖が抑えられ、結果的にアルコール度数の高いお酒を造ることができます。「初添え」醪造りの1日目、仕込みの1~3時間前に、タンクに酒母、麹、水を入れておき、その後に蒸米を投入します。このことを初添えといい、酒母の酵母菌の活性をはかり、増殖を助ける方法です。「踊り」初添えの翌日は1日何もせずに酵母の増殖を待ちます。これを「踊り」と呼びます。「踊り」とは発酵を始めた醪の泡が踊っているように見えるのと、階段の踊り場で一休みする様が語源だと言われています。「中添えと留め添え」踊りの翌日、さらに麹と蒸米、水を投入します。このことを「中添え」と呼びます。「中添え」の翌日、最後の麹と蒸米、水を投入します。これを「留め添え」と呼びます。「発酵」３段仕込み終了後本格的な発酵が始まります。「留め添え」から数えて２週間〜１か月発酵が進みますが、日本酒の発酵は「平行複発酵」と呼ばれ、糖化とアルコール発酵が同時に行われるためにアルコール度数が17〜20%近くと醸造酒の中でも高くなります。

絞りから瓶詰め

「上槽（じょうそう）」できあがった醪《もろみ》を絞って酒粕とお酒に分ける工程を「上槽」と呼びます。絞り方は、時代とともに変化しています。かつては槽（ふね）と呼ばれる絞り機で絞ったり、袋にいれて吊るしたりして絞っていましたが、今は自動圧搾《あっさく》機によって、効率的に、お酒と酒粕を分けることができます。「滓引《かすび》き」＝上槽でできたお酒には米や酵母の小さな固形物（おり）が残っています。タンクに入れてしばらく放置することで、下層に滓《かす》がたまります。この滓を分離することを「滓引き」と呼びます。「濾過《ろか》」＝滓引き後も残っている細かい滓を完全に除去するために濾過という清澄作業をします。濾過は、活性炭素を利用する場合もあり、不純物を取り除いて澄んだお酒にするとともに、黄色がかった色を透明にしたり、余分な香気や異臭を取り除いたりする効果も期待できます。「火入れ①」＝ここで60度〜65度で30分ほど加熱します。このことにより、液中の酵素の働きを失活させ、「火落ち菌」などを殺菌することができ、酒質が安定します。「貯蔵」＝火入れされたお酒はタンクの中で貯蔵されます。この間に熟成され、まろやかな味わいになると言われています。「調合・割水」＝各タンクごとに微妙に香味に差が出るので、必要に応じブレンド調整されます。「割水」とは、仕込み水を加えてアルコール度数を調整する方法で15％程度に割水される場合がほとんどです。一切割水をしないものを「原酒」と呼びますが、原酒にはアルコール度数18％を超える場合もあります。「火入れ・瓶詰」＝できあがったお酒は瓶詰されますが、瓶詰前に再度濾過・殺菌し酒質を安定させる場合が一般的です。

◇日本酒の魅力と働き

日本酒の魅力といえば何といっても「和食との相性の良さ」です。酒の肴と言われるようにおいしいお酒に合う料理。逆においしい料理に合うお酒と、長い歴史の中でつちかわれてきた料理とお酒の相性の良さは間違いありません。また、各地の郷土料理に合うお酒をそれぞれの地域の酒蔵が「地酒」として提供しています。味わいのマッチングもさることながら、日本酒はそもそも料理の味付けに調味料として使用されています。肉や魚の臭み消しや、日本酒の香りの付与など、和食をおいしくしてくれます。また、しょうゆや味噌といった和食ならではの調味料との相性も抜群です。さらには、他の酒類と比べて素晴らしい点として、料理や素材の持つマイナス面（野菜のアクや、海産物の生臭さ、発酵食品の持つくせのある香り）を引き出さず、逆にプラス面として活かす働きがあります。ぜひ、おいしい和食とのマリアージュ（仏：mariage／結婚・組み合わせ）を楽しんでください。

また、日本酒は、冷やしてよし、温めてよしと提供温度の幅広さでは世界中の酒類の中でも際立つ魅力を持っています。もちろん「冷に向くお酒」、「常温・ぬる燗でおいしいお酒」、「熱燗に向くお酒」といった、味と香りの特長もありますが、日本の四季に合わせて、夏の料理にはきりっと冷やして、春・秋の料理には味わい深い常温で、寒い冬には体を芯から温める熱燗で。と季節に応じた楽しみ方ができるのも日本酒ならではの魅力と言えます。

さらに保存性においても、他の酒類に比べて優位性があります。シャンパンやビールなど発泡性の酒類は飲む前には冷やす必要があり、開栓後はすぐに飲まなくてはなりません。また、ワインなどは開栓後の酸化による品質の変化が大きいので、冷蔵庫に入れても一週間程度しか持ちません。もちろん日本酒も繊細な香りや味わいは、酸化によりどんどん劣化してしまいますが、基本的な味わいについては開栓後常温保存でもある程度安定的に保存が可能です。冷蔵庫のない時代には圧倒的な魅力だったことが想像できます。

酒器も日本酒の魅力の一つです。おちょこと徳利、ガラスの酒器、それぞれの地域の焼き物であったり、ガラス工芸品であったり、最近ではワイングラスで清酒の香りを楽しむなんて飲み方もあります。好きな酒器で飲むという自由な気分が海外で日本酒がウケている理由の一つでもあります。自分にあったお酒と酒器を探して全国を旅する。そんなおしゃれなライフスタイルも魅力の一つです。

そして忘れてはいけないのが「水」です。おいしいお酒はもちろん米の良さ、麹の具合、杜氏の腕、酵母菌、作り手の思いが大きく反映されますが、何にも勝るのがその土地ならではの「水」です。「銘水なくして銘酒なし」という素晴らしい言い伝えも残しています。日本の国にはおいしい軟水が豊富にあったので、おいしい日本酒を作ることができたといっても過言ではありません。

◇知って得する日本酒の話

特定名称酒を知っておいしく飲もう

日本酒は、精米歩合と原料で分類される「特定名称酒」とその他の「普通酒」に分類されます。まずはその分類の意味と特長を知って、お酒を選ぶときの目安にすることをおすすめいたします。まず、原材料が「米、米こうじ」だけか、「米、米こうじ＋醸造アルコール」かで大きく分類されます。原材料が「米・米こうじ」だけの場合、精米歩合（白米の外側を削って残った米の白米に対しての比率）の差で名称が変わります。なお、この分類はあくまでも原料と製法の分類であり、酒の味や価値をランク付けするものではありません。

・精米歩合50％以下の場合「純米大吟醸酒（吟醸香を有し、色沢がとくに良好）」

・精米歩合60％以下の場合「純米吟醸酒（吟醸香を有し、色沢が良好）」

・精米歩合60％以下または特別な製造方法（要説明表示）の場合「特別純米酒（香味、色沢がとくに良好）」

精米歩合にかかわらず、原料が米、米こうじだけの場合「純米酒（香味、色沢良好）」に分類されます。次に原料が米、米こうじ＋醸造アルコールの場合（特定名称酒はこうじ米の使用割合が白米の重量の15％以上の物に限られます。なお添加する醸造用アルコールの量は、白米重量の10％以下に限られています。

・精米歩合が50％以下の場合「大吟醸酒（吟醸づくり、固有の香味、色沢がとくに良好）」

・精米歩合60％以下の場合「吟醸酒（吟醸づくり、固有の香味、色沢が良好）」

・精米歩合60％以下または特別な製造方法（要説明表示）「特別本醸造酒（香味、色沢がとくに良好）」

・精米歩合70％以下「本醸造酒（香味、色沢が良好）」に分類されます。

特定名称酒以外の日本酒を「普通酒」と呼びます。

・精米歩合70％以上の米や、特定名称酒に使われているもの以外の原料（糖類、酸味料など）を用いたものや、醸造アルコールが10％を超えるものなどがあります。

恥をかかない日本酒のマナー！　とマナー違反を知ろう

日本酒を相手に勧める目安は、相手のお酒が杯の3分の1以下になってからにしましょう。相手が飲んでいる最中や、お酒が十分に入っているうちはすすめないのがマナーです。また、お酒をすすめられたら、杯に残っているお酒をひと口飲んでから杯を差し出します。決して飲み干す必要はありません。また、注いでもらったら、すぐ卓上には置かず、その場でひと口飲むのがマナーです。相手の杯が空いていたら、返礼のお酌をしましょう。以下はマナー違反になります。気を付けましょう。

①覗き徳利　徳利の中を覗いてお酒が残っているかを確認する行為（かっこ悪い！）

②振り徳利　徳利を振って中身が残っているかを確かめる行為。熱燗が冷めてしまうこともある。

③併せ徳利　少しずつ残っているお酒を集め一本の徳利にまとめる行為。温度や、味もあっ

たものではない。

④卓上の杯に勝手に注ぐ　相手にお酒をすすめるときは必ず声をかけて！（相手が話に夢中だからと卓上の杯に勝手にお酒を注ぐのは×）。

⑤杯いっぱいに酒を注ぐ　相手へのサービスのつもりか、なみなみとお酒をつぐのも×。迷惑です。酔ってくるとそのままあふれさせてこぼす人まで出てきます。

⑥アルコールハラスメント禁止　アルコールに弱い人に無理に飲ませたり、一気飲みの強要や、泥酔して暴れたり、他人に迷惑をかけることは、アルコールハラスメントと呼ばれ社会人として失格です。マナーをわきまえて、楽しくおいしく飲みましょう。

日本酒度を知って、味を想像しよう。

日本酒度という指標をご存じでしょうか？　日本酒度とは、日本酒の甘さ・辛さを表す指標としてラベルなどに表示されています。日本酒の味わいは糖分だけではありませんし、酸度や、アミノ酸などの旨味成分、吟醸香のような香りも味わいのうちですが、甘いか辛いかは一番好みや、料理との相性を左右することも確かです。日本酒度は辛口（糖分が少ないもの）が＋で表示され、数値が高いほど、辛口となります。甘口（糖分が多いもの）はマイナス（－）で表示されます。（＋）６・０以上が大辛口、（＋）３・５～（＋）５・９が辛口（＋）１・５～

（＋）３・４がやや辛口。（－）１・４～（＋）１・４が普通、（－）１・５～（－）３・４がやや甘口。（－）３・５～（－）５・９が甘口。（－）６・０以上が大甘口となります。あくまでも甘さの目安として、日本酒度をご活用ください。

生酒・生貯蔵酒・生詰め酒の違いを知ろう（火入れとの関係）

最近はビールだけでなく、しょうゆまで「生」がはやりですが、日本酒も「生酒《なまさけ》」がありま す。「生酒」とは火入れをしてないという意味ですが、その火入れの仕方で「生酒」、「生貯蔵酒」、「生詰酒」の３種類のお酒があります。どう違うのかを確認してみましょう。そもそも本来の日本酒づくりの工程では「火入れ」は絞って貯蔵する前と、瓶に詰める前の２回行います。その２回の「火入れ」を全く行わないのが「生酒」。貯蔵前の「火入れ」を行わず、詰める前に一回「火入れ」したものが「生貯蔵酒」。貯蔵前の「火入れ」を行って、詰める前に火入れを行わないのが「生詰め酒」となります。

本来「火入れ」とは貯蔵中に火落ち菌などの菌が繁殖して、品質が劣化するのを抑え、詰める前に再度殺菌して詰めた後、常温で長期保存が可能になるようにするものです。「火入れ」することで、品質が安定する反面、加熱によって、フレッシュな風味が幾分損なわれます。それを何とか残そうとしたものがこの「生酒」、「生貯蔵酒」、「生詰め酒」になります。今は貯蔵タンクも密封が可能になり、低温保存ができるようになったのでこのような商品が作れるようになりました。とはいえ、品質劣化の危険性を回避するためにも、冷蔵で保存し、なるべく早く飲んでしまうことをお勧めします。＊「生酒」、「生詰め酒」は瓶詰時に「火入れ」を行っていませんので、瓶詰後は冷蔵保存で流通します。「生貯蔵酒」は瓶詰時に「火入れ」を行っていますので、常温での流通、保存が可能です

酒は百薬の長

酒は百薬の長といわれています。どんな薬よりも勝るという意味が込められているわけですが、もちろんそれは適量を飲んだ時の場合です。一般的にアルコールを大量に摂取することは、肝臓に負担を与えるだけでなく、中性脂肪が増加し、善玉コレステロールの低下、悪玉コレステロールの増加につながります。さらに血圧上昇や高血糖状態をも引き起こします。とくに日本酒には、二日酔いになりやすいとか、太りやすいなんてイメージもあります。でもそのイメージはおいしくて、ついつい飲みすぎる、料理との相性がよくついつい食べ過ぎてしまう。というむしろ日本酒ならではの良さが高じて飲みすぎた結果といえます。

では日本酒の適量とはどのくらいでしょうか。もちろん一切アルコールが飲めないという方もいらっしゃいますので、一概には言えませんが、せいぜい1合（180mℓ）～2合（36

0mℓ）がいいところではないでしょうか？　つまり、バランスの取れた食事を前提にして、ほんの少し、料理との相性で食前・食中にたしなむ程度と思ったほうが良さそうです。お酒が、料理がおいしいと感じること、食が進むこと、体がほんのり温まること、血行が良くなること、楽しくなること、よく眠れること、そんな効果が実感できる範囲に飲む量をとどめてくださいね。また、毎日となると、少量でも肝臓に負担を与えますので、休肝日（飲酒のときに肝臓への負担を少なくするために、良質なタンパク質やビタミンを摂って週1～2日は酒を控える）は必ず設けてください。お酒を「百薬の長」にするのは読者のあなた次第です。

（4）みりんの科学

◇みりんの歴史（甘いお酒から甘みをつける調味料）

お米から作られた日本ならではの調味料みりんは、もともとは甘い飲むお酒として造られました。現在は、調味料としての用途がほとんどなのですが、いまだに本みりんは飲むお酒（酒類）として酒税が課税されています。本みりんの起源は諸説ありますが、戦国時代に中国から「蜜淋（ミイリン）」という甘いお酒が伝わったという中国伝来説や、古くから日本に存在した「練酒」、「白酒」に腐敗防止のための焼酎が加えられて、本みりんになったという日本誕生説が代表的な説です。いづれにしても、しょうゆとほぼ同じような頃（戦国時代）に誕生し、当初は甘い飲用酒類として飲まれていました。

江戸時代に入り、そばつゆや、鰻のたれなどに、しょうゆと一緒に使用されるようになり、甘味調味料として活用されるようになります。江戸時代後半になると、島津藩によって、砂糖が製造されるようになりましたがそれまで、甘みをつけるにはもっぱら本みりんが使用されていたようです。日本酒造りの工程で米麹が作られます。麹の持つ酵素の働きで、お米のでんぷんが糖化され「甘酒」ができます。甘酒の甘さを利用したくてもそのままでは保存性が低いので、何日も持ちません。そこで甘酒に焼酎を混ぜることで、甘いお酒として飲用にも料理にも使いやすいものになったと思われます。その後、明治、大正、昭和（戦前）と時代がうつり、一般家庭にもその使用が広まりましたが、まだまだぜいたく品であり、日本料理店で使用されることが多かったようです。戦後、昭和30（１９５５）年代に大幅減税されましたが、酒税が残ったため、本みりんは酒類販売免許を持っているお店でしか販売できず、あらたに調味料の購入場所として台頭してきたスーパーマーケットでの販売ができませんでした。スーパーマーケットからの販売要請もあり、各メーカーが酒税法上酒類にあたらない、発酵途中で塩を入れた（不可飲処置した）「発酵調味料」や、アルコール分が１％未満の「みりん風調味料」を開発して、スーパーマーケットで販売されるようになりました。そのため、お酒屋さんで販売するのが「本みりん」、スーパーで販売しているのは「発酵調味料」か、「みりん風調味料」ということになりました。その後、酒類販売免許の申請、許可が大幅に緩和され、ほとんどのスーパーのお店で「本みりん」が取り扱われるようになりました。となれば、「発酵調味料」、「みりん風調味料」の存在の意味はなくなってしまったわけですが、酒税がかからない分だけ値段が安いこともあり、いまだに「発酵調味料」、「みりん風調味料」が販売されています。しかし品質差は歴然で、できれば本みりんでおいしく味付けしてもらいたいものです。

◇みりんの原材料と作り方

本みりんの作り方は、酒税法で細かくきちんと定められています。しかし、少しわかりづらい表現もあります。また、製品によって原料、製造方法も多少異なる場合もあります。ということで、以下「本みりん」、「発酵調味料」、「みりん風調味料」の一般的な原材料・作り方について、ご説明いたします。

まず「本みりん」ですが、原材料はもち米・米こうじ・醸造アルコール（焼酎）・糖類になります。もともとの作り方はもち米を蒸して、米こうじと一緒に焼酎に漬け込み、焼酎の中で麹菌が作った酵素の働きで、もち米のでんぷんが糖分に、たんぱく質がアミノ酸に分解されます。

糖化・熟成の期間ですが現在は２か月ほどのものが主流ですが、何年も寝かして、熟成させた商品もあります（古式製法・三年熟成等）。また、原料のもち米のかわりにうるち米を使用したもの、焼酎の代わりに醸造アルコールを使用したもの、糖類を足したものなどもあります。とはいえ麹菌の酵素の働きで、もち米が糖化・熟成されることで、糖類のみならず、アミノ酸、各種有機酸、香気成分が生成され、本みりん特有の風味や、調理効果が生み出されます。できあがったものを最後に布で絞って、濾《こ》したものが製品となります。また、本みりんのアルコール度数は約14％、エキス分（本みりんからアルコールと水分を除いたものでほとんどが甘みとうまみ）は40％以上あります。開栓後もアルコール度数が高く、エキス分も高いので常温で保存が可能です。

一方、「みりん風調味料」ですが、名前は「みりん風」ですが、原料製法は全く異なります。原料のほとんどが水あめなどの糖類で、米、米こうじ、酸味料、調味料などが使われます。作り方はいたって簡単で、水あめや糖類と水に米、米こうじで糖化させた甘酒や、酸味料、調味料をブレンドしただけです。アルコール度数が１％未満になるように調整されていますので、アルコールによる調理効果は全く期待できません。さらに、開栓後は要冷蔵ですが、それでも変化しやすいので、微生物による汚染を防ぐために、酸味料が入っています。味が酸っぱいだけでなく、素材をしっとり仕上げる効果が期待できなくなります。「みりん風調味料」の「みりん風」の根拠は、甘くて照《て》り、艶《つや》がでるところがみりんのようだということになります。「発酵調味料」は基本的に本みりんと同じ原料・製法で、糖化熟成工程に食塩をいれることで、飲むに適しない（不可飲処置）ということで酒税がかからないということですが、現在もともとの酒税も安くなり、また、販売免許の制約もあまりないので、一般販売ではあまり存在価値のない商品になってしまいました。しかも塩分が２％ほど含まれていますので、料理に使用する際はその分の塩分を考慮して味付けを工夫する必要があります。ただし、本みりんほど、細かい定義がありませんので、原料・製法には多少自由度があり、加工用（工場で原料として使用する場合）では、旨味を強化したり、日本酒のような香りをつけたり、甘みを強化したり、アルコールの調理効果も狙えるので、むしろ発酵調味料のほうが本みりんよりも安くて、求める効果が期待できるということで需要があるようです。

◇みりんの魅力と働き

ここからは、本みりんの魅力と働きをお伝えします。本みりんは甘い飲むお酒ではありますが、やはり、その主たる用途は調理用ということになります。調理の際の働き・魅力ついてお伝えしたいと思います。本みりんは、いろいろな調理効果で、料理をおいしくするのに役立っています。

上品でまろやかな甘み

本みりんは甘みをつける調味料です。よくあるお問い合わせは「日本酒と砂糖」と、どう違うのですか？」、「日本酒と砂糖でも同じですよね」というものです。本音を言えば、「日本酒も砂糖も、在庫があり、わざわざ本みりんを買わなくてもよい」と、いうことのようです。みなさんはどう思いますか。実は、砂糖と本みりんの甘さは質が異なります。砂糖は成分がショ糖のみで、強いしっかりとした甘みが特長です。一方、みりんの甘さは、米のでんぷんが麹の酵素で分解されてできた「ぶどう糖やオリゴ糖」が主で、上品で、やわらかな甘さが特長です。煮物や汁物や照り焼きなどでも、素材を活かす上品な甘さに仕上がります。

テリとツヤ

本みりんは、単なるぶどう糖、オリゴ糖だけでなく、それぞれが結合した多糖類も数多く含まれます。そのため、日本酒＋砂糖と比べて、テリやツヤが出ます。鰻や焼き鳥や煮魚など、食材の表面にきれいなテリとツヤが出て、見た目にもおいしく仕上げることができます。

煮くずれ防止

本みりんの糖類とアルコールが素材の煮くずれを防止します。アルコールが1%未満の「みりん風調味料」にはこの効果は期待できません。動物性の素材には、糖類・アルコールの作用で筋繊維の崩壊を抑制できます。植物性の素材の場合は、でんぷん粒の流出を抑制することができます。煮物をきれいに仕上げるには本みりんが最適です。

深いコクと旨味

もち米から生まれるアミノ酸やペプチドなどの旨味成分と、糖類その他各種有機酸がからみあって深いコクと旨味が生まれます。「日本酒と砂糖」に比べて、この深みのあるコクと旨味が煮物のおいしさを演出してくれます。

味の染み込みの良さ

アルコールの効果で味の染み込みがよくなります。アルコール+アミノ酸、アルコール+糖類、アルコール+有機酸といった具合で、分子量の小さいアルコールと一緒にアミノ酸、糖類、有機酸が料理素材に染み込んでいきますので、食材への浸透が早く、均一に仕上がります。料理の味付けの順番として「さ」（砂糖）、「し」（塩）、「す」（酢）、「せ」（しょうゆ）、「そ」（味噌）とありますが、これはまさに分子量の小さい物から味付けた方が、染み込みが良いことを表しています。本みりんは甘みですので「さ」にあたります。最初にだしと一緒に入れてあげれば、アルコール効果でしっかり味が染み込みます。この効果も「みりん風調味料」には期待できません。

消臭効果

本みりんには、魚や肉などの臭みを消す働きがあります。「物理的消臭」といって熱が加わることによって、素材に染み込んだアルコールが蒸発し、そのときアルコールと一緒に魚や肉の臭みも飛ばしてくれます。また「科学的消臭」といってアルコール、糖類、アミノ酸、有機酸の反応で、臭み成分そのものを分解してくれます。

◇知って得するみりんの話

あずま名物「流山の白みりん」

本みりんは、江戸時代にうなぎのたれや、そばつゆに使用され、調味料として華が開くこととなりましたが、それには、千葉県流山市で生まれた「白みりん」をぬきに語ることはできません。というのも、江戸初期に上方から運ばれてきたみりんは色が濃く、濁っており、甘みも弱く、大変高価なものでした。それに対し、流山の二代目堀切紋次郎が開発した「白みりん」は色が淡く、きれいに清んでおり、甘みも旨味も香りも豊かでした。流山から江戸までは江戸川を下れば半日という地の利と、品質に大きな差があったので、その評判が江戸中に広がりました。そして江戸後期には「みりんといえば流山」、「あずま名物白みりん」として名声をはせるまでになりました。今、読者の皆様が普段ご使用になっている「透明な本みりん」の原型が、この「流山の白みりん」なのです。

「柳陰」・「本直し」・「屠蘇《とそ》」

本みりんは、もともと「甘い飲むお酒」だったと言われていますが、江戸時代には、みりんと焼酎とを割って飲まれることが一般的だったようです。みりんと焼酎を五分五分に割ったものを上方では「柳陰」。江戸では「本直し」と呼び、冷用酒として飲まれていたようです。また、お正月に飲む「お屠蘇」もみりんや、本直しに「屠蘇散」と言われる薬草類を漬け込んで飲むものでした。一年間の邪気を払って新年を迎えようとの願いをもって飲むお酒なので、大人も子どもも飲みやすい、ほんのりとした甘みと、スッキリとした味わいが向いていたものと思われます。

しょうゆとみりんは1対1

江戸時代に調味料として花開いた本みりんですが、何といってもしょうゆとみりんの出逢いと、相性の良さがあってのことです。よく「和食の味付けは難しい」、「和食ってなかなか味が決まらない」なんて声を聞きますが、実はいたって簡単なのです。なぜなら、和食の味付けの基本は「しょうゆとみりんは1対1」なのです。そのうえで、『甘みを足したければ砂糖を、味を濃くしたければしょうゆを加えれば』調整できます。さらにどんなだしでどのくらい薄めるかで、つゆの味も調整が可能です。とにかく、和食の味付けの基本は「しょうゆとみりんは1対1」と覚えてください。

みりんの原料は「もち米」

日本酒は「お米＝うるち米」から作られますが、みりんの原料は「もち米」です。なぜ、みりんは「もち米」が原料なのでしょうか。それは、もち米の方がでんぷんが分解されやすく、甘みが出るからです。もち米のでんぷんは「１００％がアミノペクチン」という成分でできていますが、日本酒に使う「うるち米」は「75％がアミノペクチン」、「25％がアミロース」です。この2種類のうち「アミロペクチン」の方が糖に分解されやすいのです。みりんは「もち米」を原料にしています。最近では酵素の働きで、うるち米も効率的に分解することが可能になり、原材料にうるち米を使った商品も販売されています。

（5）酢の科学

◇酢の歴史（日本酒からできたお酢、酒粕の有効利用と早ずし）

お酢は、世界最古の調味料と言われています。というのも、酢は酒類に酢酸菌が生えることで自然にできたようで、おそらくぶどうを保存していたら、酵母菌が増えてアルコール発酵してワインができ、そのままワインに酢酸菌が増えて酢酸発酵をしてワインビネガーになったものと推察されます。酸味を上手に味付けに利用したり、肉や魚、野菜の保存性を上げるのに使用されたものと思われます。また、薬のように病み上がりの人に飲ませたりもしたようです。世界においてぶどうからワインができ、ワインビネガーになり、りんごからシードルができ、アップルビネガーになったように、日本においてはお米から作った日本酒に酢酸菌が生え、自然にできたのが始まりであろうと推察されます。したがって、日本酒の歴史とともに古くから酢は造られていました。とはいえ、それは朝廷や貴族にしか使用されず、庶民には手の届かないぜいたく品でした。

お酢が調味料として一般に広まったのは江戸時代になってからのことです。「なれずし」という言葉を聞いたことはありませんか。魚などのたんぱく質を長持ちさせる方法として、塩魚をご飯と一緒に桶に入れ、乳酸発酵によって、雑菌の増えるのをおさえ1年ほど寝かしてそれを食用としていました。この「なれずし」は造るのに長い時間がかかるので、それに代わる方法として、ご飯に酢をまぜてできた酢飯と採れたての魚類を合わせて押しずしにする「早ずし」が登場します。この時に使用する酢は日本酒からできた米酢で、とても高価なものでした。そんな時に日本の「酢」の歴史を変える大発明がもたらされます。酒粕《さけかす》からつくった「粕酢」の登場です。もともと日本酒ができたときに残る酒粕の有効活用は、酒造メーカーにとっての命題でした。愛知県半田市の「中野又坐衛門」は、3年ほど寝かした酒粕から作ったお酢が、旨味とコクがあり、当時江戸ではやっていた「早ずし」に合うことに目をつけます。そして、積極的に江戸への売り込みを始めます。「粕酢の風味や旨味がすし飯に合う」と江戸で評判となり、寿司屋がこぞって「粕酢」を使用するようになります。寿司ブームと相まって、粕酢は江戸前寿司になくてはならない存在となりました。

その後大正時代になると合成酢が登場します。合成酢とは石油や石灰石を原料とした氷酢酸をうすめ、グルタミン酸やコハク酸、人工甘味料など、数種類の添加物を加えて味を調整したものです。戦中・戦後の食糧難の時代（昭和12年から昭和28年まで）は、米を原料として酢を作ることが禁止されていたため、その時代は市場の大部分をこの合成酢が占めていました。戦後もその傾向は続きましたが、昭和45年から氷酢酸を少しでも使ったものには「合成酢」の表示が義務付けられるようになったため、「醸造酢」の生産が「合成酢」を上回るようになり、現在では「合成酢」を目にすることはほとんどなくなりました。醸造酢はもともと日本酒（お米）から作られていた「米酢」が主でしたが、現在では大麦や小麦などの他の穀物から作られる「穀物酢」や、ぶどう、りんごなどの果実から作られる「果実酢」など、様々なお酢が作られています。

◇酢の原材料と作り方

現在、食酢は食品表示基準によって「醸造酢」と「合成酢」に分類されています。「醸造酢」もその原材料・製法で「米酢」、「米黒酢」、「大麦黒酢」に分類されます。また、「果実酢」も「りんご酢」、「ぶどう酢」に分類されます。では分類ごとに原材料と作り方についてご説明いたします。

①「醸造酢」は穀類、果実、野菜その他農産物、はちみつ、アルコール、砂糖類を原料に酢酸発酵させた液体調味料であって、かつ、氷酢酸または酢酸を使用していないものです。

②「穀物酢」は醸造酢のうち、原材料として1種または2種以上の穀類を使用したもので、

その使用総量が醸造酢１リットルにつき40ｇ以上のものです。

③「米酢」は穀物酢のうち、原材料としての米の使用量が穀物酢１リットルにつき40ｇ以上のものですが、米黒酢を除いています。

④「米黒酢」は穀物酢のうち、原材料として米（玄米のぬか層の全部を取り除いて精米したものを除く、またはこれに小麦もしくは大麦を加えたものだけを使用したもので、米の使用量が穀物酢１リットルにつき１８０ｇ以上で、かつ発酵および熟成によって褐色または黒褐色に着色したものです。

⑤「大麦黒酢」は穀物酢のうち、原材料として大麦のみを使用したもので、大麦の使用量が穀物酢１リットルにつき１８０ｇ以上で、かつ発酵および熟成によって褐色または黒褐色に着色したものです。

⑥「果実酢」は醸造酢のうち、原材料として１種または２種以上の果実を使用したもので、その使用総量が醸造酢１リットルにつき果実の搾汁として３００ｇ以上のものです。

⑦「りんご酢」は果実酢のうち、りんごの果汁が果実酢１リットルにつき３００ｇ以上のものです。

⑧「ぶどう酢」は果実酢のうち、ぶどうの果汁が果実酢１リットルにつき３００ｇ以上のものです。

⑨「合成酢」は氷酢酸または酢酸の希釈液に砂糖類糖を加えた液体調味料、もしくはそれに醸造酢を加えたものです。

このように「合成酢」以外の「醸造酢」は、すべて元となる糖分を酢酸菌の働きで発酵、熟成させた液体で、原材料とその分量で分類が決まっています。

◇酢の魅力と働き

お酢の魅力は、酸味をつけるという調味機能のみならず、調理にかかわる幅広い使用用途・働きがあることです。また、健康に良いという面でもいろいろな魅力があります。また、食べ物の保存性を高める働きもあります。長い歴史の中で日本人が利用してきた各種働きを説明させていただきます。

お酢の調理機能

お酢は、ただ単に酸味をつける以外にもいろいろな調理機能をもっています。

①「素材の色を鮮やかに」ごぼうや、蓮根、うど、山芋などは酢水にさらすことで酸化褐変を抑え、素材の色を鮮やかに保つ働きがあります。

②「魚の臭み消し」魚の臭みの素は、トリメチルアミンという成分で。これが分解されてメチルアミンという魚腐敗臭となります。お酢はこのトリメチルアミンに作用し、酢酸トリメチルアンモニウムと変化させる力があり、臭いを素から断ちます。2～3倍に薄めたお酢で魚を洗うとより効果的です。

③「お肉を柔らかく」マリネや煮込み料理など、肉料理とお酢は相性抜群です。お酢と香味野菜でマリネにすると、酸性で働くたんぱく質分解酵素により、肉が柔らかくなります。

④「脂っこい料理」に、お酢には油の粒子を細かくして、脂っこさを和らげる働きがあります。脂身の多い肉や、煮物、ラーメンのスープなどに少し加えるとさっぱりおいしく召し上がれます。ドレッシングのように、オイルと、酸味をあわせることで、油っぽくなくさっぱりと召し上がることもできます。

⑤「減塩効果」塩分を控えると味が寝ぼけて物足りない味になってしまいます。そんな時にもほんの少し酸味をたしてあげるだけで、味がはっきりしておいしく召し上がれます。お酢をうまく活用することで、減塩効果が期待できます。

⑥「合わせ酢でさらにおいしく」お酢は単体で使用するよりも、各種調味料と合わせた「合わせ酢」にすることでよりおいしく味がまとまります。たとえば「すし酢」はお酢に、砂糖、塩を合わせることでまろやかでおいしいすし飯が作れます。「二杯酢」とは酢にしょう

ゆを合わせたもの（お好みでだしを加えてもよし）で、酸味が抑えられ、まろやかになります。「三杯酢」とは酢にしょうゆと砂糖を加えたもの（お好みでだしを加えてもよし）酢の物には欠かせません。

お酢の便利機能

調理に使う以外にも、生活に役立つお酢の使い方がいろいろあります。昔からの生活の知恵をいくつかご紹介させていただきます。

①「掃除」今は洗剤がいろいろありますが、かつてはお風呂・シンクの排水溝の汚れや鍋のあく、焦げ落としにお酢は大活躍していました。シンクの汚れは、ステンレスに塩をふりかけ、お酢を含ませたスポンジでこするだけで汚れがスッキリ落ちます。水で流したあとに仕上げに布で磨けばピカピカになります。鍋の焦げ落としにはお酢を振りかけておくと落ちやすくなります。

②「まな板、布等の殺菌」かつて調理器具の使用後は、よく水で洗い、たまに煮沸したり熱湯をかけたりした後に、お酢で拭いたり、お酢につけたりして、殺菌していました。最近は専用の殺菌・消毒薬なども販売されていますが薬品に頼らず、昔ながらの自然な力を試してみましょう。

③「洗顔」石鹸はアルカリ性です。洗顔した後しっかり洗ってもアルカリ性に傾いた肌はトラブルのもと。お酢はお肌を正常な弱酸性に保つ働きがあります。精製水で10～100倍に「薄めたお酢を洗顔後に塗るだけで、美肌作りをお手伝いします。

④「洗濯」洗剤も同じようにアルカリ性です。濯ぎの最後に、お酢を少量入れてみてください（水20リットルに対してお酢50ミリリットル）。洗剤が中和され、柔軟剤の代わりにもなります。

⑤「生ごみ対策」とくに夏場など生ごみの臭いが気になる方も多いと思います。そんなときもお酢の出番です。お酢を5倍にうすめてスプレーしてみてください。お酢の殺菌作用で雑菌の繁殖を抑えることができます。生ごみの嫌な臭いもカットできます。

お酢の健康機能

お酢にはいろいろな健康・美容に役立つ働きがあるといわれています。とはいえお薬ではありませんので、何かを治すというよりかは、普段からバランスの良い食事をこころがけながらおいしく、お酢を活用しましょう。代表的なものを確認しておきましょう。

①「疲労回復のお手伝い」スポーツなど激しい運動の後に疲れたと感ずるのは、体内でエネルギー不足になっているからです。糖分を摂り、グリコーゲンを補給する必要があります。

お酢と糖分とを一緒に摂ることで、より効果的にグリコーゲンを補給できるといわれています。確かに疲れた時にはお酢の酸味がほしくなります。

②「生活習慣病予防のお手伝い」お酢には、必須アミノ酸やクエン酸など体に必要な栄養素が豊富に含まれています。お酢を適量毎日摂ることで、内臓脂肪を減らす働き、血中の脂質を減らす働き、糖質の吸収を妨げ、血糖値の上昇を緩やかにする働き、血圧を下げる働きなどが報告されています。いずれの働きも、高脂血症、高血糖、高血圧といった生活習慣病を防ぐために役立ちます。毎日大匙1~2杯のお酢を目安に日々の食事に取り入れてください。

③「食欲増進のお手伝い」夏場、暑くて食欲のない時期、お酢の酸味をきかせた料理は食欲を回復させてくれます。酢のさっぱりとした酸味が、味覚や嗅覚を刺激し、唾液や胃液の分泌を促し、食欲増進作用のお手伝いをしてくれます。

◇知って得するお酢の話

琉球もろみ酢ってお酢じゃない

最近、健康飲料として人気のある「琉球もろみ酢」は、お酢ではないってご存じでした。「えっ、琉球もろみ酢」って書いてあって、実際飲むと酸っぱいけどお酢じゃないの？」と、いう声が聞こえてきそうです。実は食酢の定義が「アルコールを酢酸発酵させたもの」となっているのですが、この「琉球もろみ酢」はアルコールを酢酸発酵させたものではないので、食酢には含まれないのです。

では、「琉球もろみ酢」ってどうやってつくっているのでしょうか。素朴な疑問にお答えいたします。「琉球もろみ酢」とは沖縄名産の単式蒸留焼酎「泡盛」の蒸留粕「もろみ粕」を圧搾、濾過したものです。蒸留後ですのでアルコールは含まれておらず、酢酸発酵も行われていません。しかし、このもろみ酢の原料となる泡盛のもろみは通常の麹菌ではなく、沖縄ならではの黒麹菌を使っているために、発酵段階でクエン酸やアミノ酸が作られます。蒸留でアルコールは取り除かれ泡盛になりますが、残ったもろみ粕にはクエン酸やアミノ酸が大量に残ります。それを搾って、濾過したものですから、味も酸っぱく、健康効果が期待できます。ということで定義上お酢にはふくまれませんが。立派なお酢の仲間です。参考資料［2］

切り花、観葉植物を長持ちさせる？

切り花や、観葉植物を花瓶に入れておくと、カビやウイルスが増殖して、花が弱ったり、しおれたりしてしまいます。それを防ぐにはお酢の殺菌パワーが有効です。もともと植物が水や栄養を吸い上げるには管の中を通るのですが、この吸い上げる管が微生物による影響を受けやすいのです。お酢を水で60倍に薄めた液につけておくとお酢の殺菌効果で、カビやウイルスの増殖がおさえられ、長持ちします。

シールはがしにも使える

シールを張ってしまうとなかなかはがせず、貼り跡が残ってしまう場合がありますよね。こんな時にもお酢の出番です。お酢をしみこませたキッチンペーパーなどで、シール全体を覆います。十分しみこんだ後、しばらく置いて剥がすと、お酢の成分が粘着部分を溶かしてくれるため剥がしやすくなります。

（6）まとめ

しょうゆ、味噌、日本酒、みりん、酢と、日本ならではの調味料について、駆け足ですがその歴史、原材料、作り方、魅力や働き、知って得するお話を考察してまいりましたが、いかがでしたでしょうか。

あまりにも身近すぎて、水や空気のような存在になっていたのではないでしょうか。改めてその歴史をみると、それぞれ、ルーツや、発展の歴史に多少の差はありますが、いずれも江戸時代から明治、大正、昭和の初めごろまでに調味料として完成され、日本人にとってなくてはならない存在、和食の味付けの基本になっていたことがわかります。昭和の初めの頃の食生活こそが「和食の基本」であり、「和食の素晴らしい食文化」であったのだと思います。

今回、「子どもたちに伝えたい「和食」素晴らしい日本の食文化と調味料の科学」という題で書かせていただきましたが、「和食」の素晴らしさを語るには、米と大豆と麹菌によってつくられた、しょうゆ、味噌、日本酒、みりん、酢という日本ならではの調味料の存在なくして、語れないことがお分かりいただけたのではないでしょうか。そして、あらためて「和食」が好きになったのではないでしょうか。この本を読んでそれぞれの調味料を身近に感じていただき、もっともっと好きになっていただけるとありがたいと思います。今、小学校の給食の先生とお話させていただくと、どの先生も、「子どもたちはお魚よりお肉を好む」、「和風の料理よりも洋風の料理のほうが喜ぶ」、「麺やパンの料理を好む」、「煮豆をつくったら、いっぱい残してきてがっかりした」など、「和食」を意識した料理を好まない傾向にある。とおっしゃいます。確かに、給食でお刺身やお寿司を出すこともできず、手の込んだ懐石料理のようなメニューも出すことはできません。

しかし、できるだけ地産地消、近場で収穫された野菜やお魚を活用して、しょうゆ、味噌、日本酒、みりん、酢で味付けして、次世代を担う子どもたちが、喜んで食べてくれる「和食給食」を提供してもらいたいと思っています。また、お母さんがたにおかれましては子どもたちに「ゲームばっかりしてないで少しは勉強しなさい」という代わりに、「ゲームばっかりしていないで、もっとお母さんの料理のお手伝いをしなさい」と言ってほしいなと思います。とくに小さな子どもたちはお母さんのお手伝いが大好きです。たとえば買い物、野菜を切ったり、皮をむいたり、洗ったりの調理の準備、はしや、食器並べ、餃子や、ホットケーキなどつくるお手伝い、後片付け、食器洗いなどの料理のお手伝いを通じて、いろいろなことの段取り力が育ちます。

また人を喜ばすことを知り、出来上がって食べたときのおいしさを実感し、その結果まわりから褒められることを経験し、知らず知らずのうちに社会の中における自分の役割や、生きがいを見出す力が備わってくるはずです。この本の内容を、子どもたちに語りながら、ぜひ、食べることに興味があり、和食の大好きな子どもたちをいっぱい育てていただけたら幸いです。

文献・参考資料

・農林水産省ホームページ「和食がユネスコ無形文化遺産に登録されました https://www.maff.go.jp/j/keikaku/syokubunka/ich/

・文化庁「ユネスコ無形文化遺産の保護に関する条約の概要」https://www.bunka.go.jp/seisaku/bunkazai/shokai/mukei_bunka_isan/
・日本醤油協会発行「しょうゆの不思議」
しょうゆ情報センターホームページhttps://www.soysauce.or.jp/knowledge
・キッコーマンホームページ「しょうゆワールド」https://www.kikkoman.co.jp/soyworld/index.html
・みそ健康づくり委員会ホームページ「みそ資料館」http://miso.or.jp/museum/
・農文協「みその絵本」
・金の星社「みんなで調べて作って食べよう3みそ・しょうゆ」
・日本酒造組合ホームページhttps://www.japansake.or.jp/sake/index.html
・日本酒造組合「二十歳からの日本酒BOOK」
・永岡書店「日本酒カタログ７５５」
・キッコーマン「流山白味淋２００周年記念誌」
・日本味淋協会ホームページhttps://www.honmirin.org/
・日本食酢協会中央会ホームページ「食酢について」http://www.shokusu.org/oxalis/index.html
・ミツカンホームページ「ミツカンのはなし」http://www.mizkan.co.jp/story/
・タマノイ酢ホームページ「お酢の効果・効能」http://www.tamanoi.co.jp/health/
・琉球もろみ酢事業協同組合ホームページ「琉球もろみ酢」http://www.moromisu.info/moromisu.html

参考資料

［１］https://www.kikkoman.co.jp/kikkoman/soysauce/taste/lesssalt/
［２］もろみ酢公正取引協議会http://www.moromisu.org/moromisu.php

あとがき

本を出版する……って、普通の生活をしていたらそうそうないことだと思います。大学の先生か、小説家か、芸能人か、ビジネスの成功者か…まさか自分が著者になるとは夢にも思っていませんでした。しかしながら、一方で、講演会でいろいろな方に直接お話させていただく機会がありましたが、その際にもっともっと多くの方々に伝える方法はないものか。本があれば、講演会に参加できずにお話が聞けなかった数多くの方々にも読んで、気づいていただけるものと思っていました。

今回、アグネ承風社（東京大学 工博）の朝倉先生よりお声掛けをいただき、こんなチャンスを逃してはいけない。と思い挑戦させていただきました。普段しゃべることは得意ですが、いざ、シナリオをつくってみると、話し言葉の流れと、書き言葉の流れの違いに最初はとまどいました。なかなか目次ができずに困っていましたが、さすが百戦錬磨の朝倉先生。あっという間に章立てしていただき、そのおかげで次々と書き進むことができました。今回みなさまに伝えたかったことは、日本人の心の故郷「和食」を身近に感じていただき、「和食」を愛していただき、素晴らしさ、良さを実感していただき、その素晴らしい要素を後世に残したい。伝えたいということです。伝えるにあたって誰もがわかりやすく、簡単に理解・納得できる、気づける内容を提示したい。そんな思いで書きました。どうでしょうか。ピンときていただけましたでしょうか。今回機会をいただき、こんな素晴らしい体裁で刊行することができました。これからは、さらにつっこんで、子どもたちが簡単に見て、読んで、理解できる。そんな絵本をつくってみたいとも思っています。

人が生きていくうえで、食べることは最も大切なことです。「生きるために食べるのか」「食べるために生きるのか」……。正解はありませんが、少なくとも私は「食べるために生きています」。家族と気の合った仲間と、わいわい楽しいお話をしながら、おいしいものを食べられる喜び。そんな日々の楽しみのために頑張ってお仕事を続けていきたいと思っています。このような素晴らしい機会を作っていただけた朝倉先生にも、ここまで育てていただけた、キッコーマン株式会社の関係者の皆様にも、そして最後まで読んでいただいた読者の方々へも感謝の意を表したいと思います。ありがとうございました。

2020年7月　新型コロナウイルス流行の年に

食と健康のアドバイザー　「ハッピーアイランド」代表　福島　寛之

●著者紹介

福島　寛之（ふくしま　ひろゆき）

東京都千代田区神田の魚屋の息子として、1958年8月16日生まれる。1981年早稲田大学商学部卒業、世界中に和食の食文化を伝える「キッコーマン」の元社員。食と健康のアドバイザー、ハッピーアイランド代表、(資格)：NPO日本食育インストラクター1級、環境アレルギーアドバイザー、認知症介助士、生活習慣病予防プランナー、シニアフードアドバイザー

ある時は「キッコーマンしょうゆ塾認定講師」として、小学校に出向き、小学生に「おいしくたべるにはどうしたらよいか？」と問いかけ。ある時は「おいしい記憶をつくり隊隊長」として、トマト栽培・大豆栽培を通じて命の大切さを教え、家族と、友達と笑顔でおいしく食べる機会を数多く体験してもらうための「食育活動」にいそしむ。子どもから老人まで幅広いターゲットに合わせた「食と健康の講座」を直近3年間で45回約5,000人に実施。2020年独立。食と健康のアドバイザー　ハッピーアイランド代表。「食と健康　おいしく食べて健康に」、「知って得するおしょうゆの話し」、「食物アレルギーお問合せと対応その実態」、「めからうろこ！誰にでもわかる和食講座…和食ってなぁに？」、「めからうろこ！誰にも聞けないワイン講座…萬寿和飲ってなぁに？」など講演多数。好きな言葉「百聞は一見にしかず。百見も一体験にかなわず」

子どもたちに伝えたい「和食」
—素晴らしい日本の食文化と調味料の科学—

2020年8月20日　初版第1刷発行

著　　者　福島　寛之
発 行 者　朝倉健太郎
発 行 所　株式会社　アグネ承風社
〒178-0065　東京都練馬区西大泉5-21-7
TEL/FAX 03-5935-7178

印刷・製本所　モリモト印刷株式会社

検印省略（定価はカバーに表示してあります）
ISBN978-4-910423-00-5
落丁本・乱丁本はお取り替えいたします